ÊTRE UNE ENTREPRENEURE SPIRITUELLE

Quand Dieu remplace le marketing

Par Delphine Debauve
Préface de Fabienne Bizet

© Delphine Debauve

delphine@entrepreneures-spirituelles.com

www.entrepreneures-spirituelles.com

ISBN : 9798877070202

TABLE DES MATIÈRES

PRÉFACE

Quand Delphine m'a proposé d'écrire la préface de ce livre, j'ai accepté tout de suite. Non seulement parce que c'est mon amie, mais aussi parce que je sais très bien ce que traversent les entrepreneures spirituelles, j'en suis une moi-même !

Depuis 2016 et la découverte de ma médiumnité, j'ai expérimenté mille et une façons de communiquer au monde ce que je vivais : d'abord par des articles sur mon blog, Je Deviens Médium, puis par des livres. J'ai créé des formations en ligne pour partager mes conseils, mes prises de conscience, mes astuces, tout ce qui avait fait que j'avais progressé au sein de ma médiumnité d'abord, et de façon plus large spirituellement parlant. Et puis j'ai canalisé – et je continue de le faire – des messages des plans invisibles, qu'il s'agisse des guides, des fées, de nos vies antérieures ou que sais-je encore.

Bref, j'ai expérimenté un grand nombre de chemins dans mon parcours de médium professionnelle, et il m'est arrivé plusieurs fois de ne plus trop savoir où j'en étais. J'étais une médium, oui, mais mon manque d'assurance me faisait hésiter sur la direction à prendre, les prestations à proposer... Ceci plutôt que cela ? Et pourquoi pas cette autre voie ? Ou celle-là ? Je ne savais plus trop où donner de la tête.

La vie d'une entrepreneure spirituelle n'est pas un long fleuve tranquille, et je pense même que nous sommes probablement les entrepreneurs qui nous posons le plus de questions sur notre métier, nos prestations, notre rapport au monde, aux autres !...

On peut vite se perdre à force de se chercher. Car qui cherche « qui » ?! Notre fameux mental, pour sûr, car notre âme (ou notre Soi pour Delphine) sait très bien, elle, ce qu'il en est.

Avec Delphine, cela fait des années que nous avons des discussions sans fin sur la spiritualité, la médiumnité, l'ego, le mental, les autres, le monde, la vie, la mort... J'ai suivi toute son évolution spirituelle, ses hauts et ses bas, ses virages à 360 degrés, ses échecs, ses remises en question, ses expériences super chelou, ses prises de conscience incroyables et profondément transformatrices.

Ce qu'elle partage avec vous dans ce livre, elle l'a expérimenté, et pas qu'un peu ! Même si elle lit énormément de livres, elle ne s'est pas contentée de croire les mots, aussi spirituels pouvaient-ils être. Elle a demandé à vivre ce qu'elle avait lu, et c'est ce qui s'est passé.

Je suis moi-même encore souvent un poulet sans tête (vous verrez dans le livre ce que Delphine veut dire en utilisant cette expression, bien que ce soit déjà très parlant à mon avis !), car mon ego et mon mental aiment encore souvent me faire croire que tout ce que je vis est hyper important et que je contrôle ce qui m'arrive. Mais j'ai au moins le privilège d'avoir conscience que tout cela est illusion. Et quand il m'arrive de l'oublier, une bonne discussion avec Delphine me remet sur le « droit chemin », si tant est qu'il y ait un droit chemin !

Ce livre, c'est votre boussole pour sortir de la course aux poulets sans tête. Sortez du jeu et comprenez à quel point nous sommes toutes et tous tellement plus grands que ces petits personnages dont nous empruntons les costumes tous les jours.

Sortez du rêve et éveillez-vous à la vraie nature de la vie. Vous serez alors enfin dans votre toute-puissance et à même de délivrer le meilleur de vous-même pour le partager avec le monde.

C'est tout ce que je peux vous souhaiter, nous souhaiter.

Fabienne Bizet, le 19 décembre 2023

INTRODUCTION

Ce livre a été écrit pour les femmes entrepreneures spirituelles, actuelles ou en devenir.

Celles qui veulent se lancer dans l'aventure de l'entreprenariat mais qui retardent constamment la concrétisation de cette nouvelle aventure. Elles ne savent pas exactement quoi ou comment faire. En attendant, elles vivent dépendantes de leur mari ou d'une allocation, ce qui les fait beaucoup culpabiliser.

Celles qui y sont déjà mais qui se retrouvent en totale désillusion : soit parce qu'elles ne vivent pas de leur activité, soit parce qu'elles sentent que quelque chose est désaligné. Quelque chose cloche, mais elles n'arrivent pas à mettre le doigt dessus. Elles savent qu'elles sont sur la voie, mais les résultats ne sont pas au rendez-vous. Elles veulent savoir pourquoi et trouver la porte de sortie de ce trou dans lequel elles semblent se trouver.

Puis, il y a celles qui ont déjà été entrepreneures, mais qui ont fait marche arrière, faute de clients. Elles ont repris un job alimentaire et, bien entendu, elles se retrouvent frustrées. Elles rêvent encore de vivre de cette activité passion. Malheureusement, elles ne savent pas pourquoi ça n'a pas marché la première fois. La peur s'est finalement emparé d'elles, celle de manquer d'argent, et elle domine maintenant leur existence.

Il a été écrit aussi pour celles qui croient à la magie de la vie et aux mondes invisibles. À celles qui ont compris que nous sommes bien plus que ces petits humains qui déambulent avec leurs multiples problèmes sur cette planète.

Mon but, à travers les chapitres qui vont suivre, est de leur créer une autre réalité. Une existence dans laquelle la joie et la paix règnent en maître. Là où tout est fluide et où les synchronicités sont constantes. Où la créativité et les idées viennent les enthousiasmer comme jamais. Un monde dans lequel elles se révèlent, telles les vraies créatrices qu'elles sont. Un monde sans peurs.

Pour leur faire expérimenter cette réalité, je ne vais pas chercher à résoudre leurs problèmes avec des solutions. Il ne s'agit pas d'une énième technique marketing ou de revisiter la loi d'attraction. Il ne s'agit pas non plus de coaching, ni de développement personnel. Il s'agit par contre d'une transformation, d'un bouleversement, de leur système de pensée. Une invitation à voir la vie différemment, une gymnastique de l'esprit, qui modifiera très concrètement leur quotidien.

C'est pourquoi, plus que jamais, ce livre s'adresse aux héros à idées.

Donc, toi qui es en train de lire ce livre, sois prête à renverser ta manière de penser, à bousculer ce que tu crois pour vrai. Autrement, ce livre n'est pas fait pour toi.

<u>Ton enseignante :</u>

Le contenu de ce livre est un échange entre toi et moi. Je suis, en cet instant et au fil des pages, ta nouvelle enseignante. Toi et moi avons été mises sur la route l'une de l'autre. Cela ne fait aucun doute et il y a une bonne raison à cela. Le grand mystère de la vie nous a mises en relation.

Je suis moi-même guidée dans l'écriture de ce livre. Tout ce que je vais te partager ici est le fruit de mes expériences personnelles et de téléchargements directs.

J'ai toujours eu la « bosse du business ». À la fin de l'école secondaire, je préférais servir les clients de la station-service d'à côté plutôt que d'aller en cours. J'aimais vendre et manipuler de l'argent. J'avais entamé des études supérieures en sciences commerciales mais ça n'allait pas assez vite. Je voulais gagner ma vie et être indépendante. La liberté avant tout, alors j'ai tout envoyé balader ! À 20 ans, j'étais vendeuse dans un vidéo club. Deux ans plus tard, j'étais propriétaire de mon vidéo club. J'ai tenu le coup quelques années, malgré les importants changements et crises du secteur. J'ai frôlé la faillite, mais un sauveur est arrivé et a racheté mon magasin. C'était ma première fois en tant qu'entrepreneure, à l'ancienne, Internet n'existait pas. Aucun membre de famille ne connaissait ce monde, ils étaient tous sagement employés. J'avais foncé tête baissée, malgré leurs efforts de découragement. J'ai passé ensuite de nombreuses années employée moi aussi, mais toujours dans les commerces, principalement dans le secteur de l'Horeca (hôtel - restaurant - café), avec des postes à responsabilités et des équipes à gérer. C'est en 2014 que j'ai remis ma casquette d'entrepreneur. À cette époque, je sortais de mon congé de maternité et j'étais sans travail. J'adorais passer mon temps sur l'ordinateur, j'avais pris des cours du soir, juste pour le plaisir, de divers programmes et de création de site web. J'ai alors décidé de me lancer comme assistante virtuelle pour entrepreneures web. J'ai fait un flop. J'ai eu 2 clientes le premier trimestre. Par contre, j'avais découvert les newsletters… J'adorais envoyer ces petits courriels dans lesquels je me lâchais de plus en plus. J'ai fini par me former professionnellement aux Etats-Unis, j'étais alors devenue Madame Newsletter. La première spécialiste francophone en email marketing. Je faisais maintenant partie d'équipes, on venait littéralement me chercher. Je commençais enfin à voir le bout du tunnel et à gonfler mon chiffre d'affaires. Tout allait bien dans le meilleur des mondes, sauf que…

En mars 2016, quelque chose d'étrange est arrivé et ma vie n'a plus jamais été la même. Une nuit, j'ai ressenti une présence au-dessus de mon lit. J'étais seule, mon mari était en déplacement. Je n'avais aucune idée de ce que c'était. En ces temps-là, j'étais profondément athée et cartésienne, comme le reste de ma famille d'ailleurs. J'ai alors dit à cette chose : « Fais ce que tu as à faire ». Ce qui s'est passé ensuite m'est encore difficile à décrire aujourd'hui. Une énergie est entrée en moi par le crâne, est descendue le long de mon torse, puis est remontée en faisant tout imploser. Je ne sentais plus mon corps, comme pulvérisé. La puissance de l'expérience était de niveau atomique. J'étais ultra consciente et j'avais très peur. J'ai hurlé un immense *stop* silencieux dans ma tête car ma bouche ne fonctionnait plus. Et ça s'est arrêté, net. Je savais que j'avais interrompu quelque chose et que, probablement, ça recommencerait. Plus tard, j'ai découvert que j'avais vécu un éveil de kundalini. J'en ai fait 6 en tout dans les mois qui ont suivi. Cela a eu l'effet d'un grand nettoyage énergétique, comme si des bouchons sautaient à chaque fois. J'étais devenue une super médium en à peine quelques mois : je me branchais maintenant à toutes sortes de dimensions dont j'ignorais l'existence jusque là.

Inutile de te dire que les newsletters étaient devenues complètement inintéressantes. Je découvrais une toute autre facette du monde et je voulais en savoir plus. Une question obsessionnelle me hantait maintenant : *qui suis-je et quel est ce monde dans lequel je vis !?* Enfin, ça fait 2 questions. Et donc, fin 2016, je lançais une nouvelle activité d'accompagnement spirituel qui a beaucoup évolué au fil des ans. Tout comme moi, forcément.

Ton enseignement :

Je ne vais pas te faire de fausses promesses, mais sache que mon ambition pour toi est de provoquer des changements profonds et permanents dans ta vie. C'est l'intention que j'ai posée et, consciemment ou pas, celle que tu as posée aussi si tu lis ce livre. Adopte cette idée au plus profond de ton être et changements il y aura, assurément.

Pour intégrer l'enseignement qui va suivre, et vivre cette autre réalité dans laquelle ta vie est géniale, il te suffit d'ouvrir ton esprit. Accepte les concepts et les idées proposés, même si ton mental joue les perturbateurs. Teste-les dans ton quotidien et constate, lentement mais sûrement, les changements.

Retiens que ta vie actuelle est l'expression ultime de ton système de pensée. Transforme le système et ta réalité sera instantanément transformée.

Dans le chapitre suivant, nous allons explorer ensemble la base de ta réalité actuelle, ce que tu appelles « ta vie ». Nous allons déterminer ce que tu es et où tu es. Sans cette compréhension, tu continueras à vivre dans un monde de peurs.

CHAPITRE UN

LE MONDE VIRTUEL

Le monde n'existe pas. Que ce soit clair, rien n'est réel, tout est virtuel. Comme un jeu vidéo dans lequel tu as choisi un personnage. Quand le personnage meurt, tu recommences une nouvelle partie. Tu es libre de changer le décor, l'aventure et le personnage. Tu peux passer d'un Hulk en ville à une Lara Croft en pleine jungle. Tout est permis. Ici aussi.

Tout ce que tu vois a été créé pour jouer au jeu de la vie. Ce que tu appelles la vie elle-même n'a aucune réalité. Tu es dans un rêve. Et tu crois fermement au rêve. Ce rêve, tu l'as créé, à un certain niveau.

Dans ce rêve, il y a toi, les autres, les animaux, les plantes, la planète Terre, le système solaire, les galaxies, les multiples univers et dimensions. Tout fait partie de la même illusion.

Cette illusion est parfois appelée matrice. Il est important de comprendre que tu joues dedans, mais que tu n'en fais pas partie. C'est ce que signifient de nombreux illuminés lorsqu'ils disent : « Tu es dans ce monde mais pas de ce monde ».

Ce que tu es est à l'image de Celui qui t'a créé : Dieu. Tu es littéralement à son image. Tu es à l'extérieur de cette conception virtuelle, dans la vacuité divine. Là, en dehors du temps et de l'espace, tu es le Créé, le Créateur et la Création elle-même. Tu es permanent, immortel, éternel et infini. Tu es le Fils de Dieu. Voilà ce que tu es vraiment.

À un moment, tu as créé la séparation. Ta conscience est née. Ensuite, comme un enfant qui s'émancipe, tu t'es inventé une autre réalité. Tu as créé le monde et tout ce qui va avec. Tu fais maintenant semblant d'être seule dans cette matrice. Ton jeu est si bien fichu que ça en est devenu un labyrinthe dans lequel tu t'es perdue. Car tu t'es aussi inventé un nouveau système de pensée redoutable : l'ego.

L'ego n'est rien d'autre qu'un système d'exploitation dans ta conscience. Comme Windows dans ton ordinateur, c'est la base qui fait tourner la machine. Viennent ensuite les programmes, et il en existe de nombreux. On pourrait dire que chaque programme que tu installes dans ton ordinateur est une incarnation. Chaque programme contient un tas de fonctions et d'actions possibles, tout comme chacune de tes incarnations. Toi, qui es en train de réfléchir à ce que tu viens de lire, n'es rien d'autre qu'un programme. Le petit personnage du jeu.

Nous sommes tous des êtres ultra programmés. J'ai réalisé l'ampleur de cette vérité lorsque j'ai rencontré Jacques Birolini. Jacques est un astrologue karmique. Avec une simple date de naissance, un lieu et une heure, il sait non seulement qui tu es, mais aussi ce que tu es venue faire sur cette planète. Avec une grande précision. C'est comme si Jacques vivait dans ma tête, il me connaissait mieux que ma propre mère ! Comment est-ce possible, à moins d'avoir téléchargé un programme existant disponible dans la grande bibliothèque karmique !? Tu choisis ton personnage, ses particularités et tout ce qui va avec.

> « *Tu ne reconnais pas l'énorme gaspillage d'énergie que tu fais en niant la vérité. Que dirais-tu de quelqu'un qui persisterait à tenter l'impossible, croyant que c'est réussir que de l'accomplir ?* » - Un Cours En Miracles

Tout est programmé dans ta vie dès le moment où tu suis sagement le système d'exploitation - l'ego - que tu as mis en place dans ce jeu insensé. Rien n'est hasard, de ton arrivée et à ton départ. La preuve que ta « mort » est tout aussi programmée que ta naissance est facile à vérifier. Il n'y a qu'à voir les miraculés qui auraient vraiment dû mourir, et les autres qui meurent de manière complètement absurde, en tombant d'une poutrelle à deux mètres du sol. Ce qui est arrivé au cousin de mon mari, au tout début du Covid. Quand ton heure a sonné, *that's it*, faut y aller !

Tu reprends alors ta forme éthérique. Mais le programme n'a pas disparu pour autant, et encore moins le système d'exploitation. Ce programme, cette incarnation, existe maintenant dans la grande bibliothèque interdimensionnelle. Quiconque le veut peut maintenant se brancher à cette information. Tu y tiens, à cette information, parce que tu as complètement cru qu'il s'agissait de toi durant cette expérience de matière, de temps et d'espace. Dans cette fausse réalité, tu as créé un système karmique, qui n'est rien d'autre qu'un système de dette. Alors que tu faisais tourner le programme, que tu vivais ta petite vie, tu as créé du karma qu'il te faut maintenant rééquilibrer. C'est le grand piège qui te maintient dans cette matrice. Ton âme s'incarne désormais à gogo, dans des milliers de vies, simultanément et à l'infini. Car chaque vie crée du karma, c'est inévitable. Tu es entrée dans un cercle vicieux où tu as complètement perdu de vue, même si tu n'as pas d'yeux, qui tu Es.

Ceci étant établi, tu es maintenant prête pour une vérité qui fait mal : Dieu n'a pas créé le monde, ni toi, ni la Terre, ni l'univers, ni les multiples dimensions. Non, rien de tout ça, nada, que dalle. Car Dieu ne peut créer qu'à son image : de manière parfaite et sans fin. Tout ce que tu, ta conscience séparée, as créé a une fin. Observe la planète : tout y meurt, même si nous avons essayé d'imiter la perfection divine avec une complexité incroyable et fabuleuse. Il faut dire que nous sommes Son Fils, donc forcément nos créations sont balèzes aussi. Mais elles ont toutes une fin. Même les planètes finissent par disparaître. Toutes ces morts à répétition sont telle une punition que nous nous infligeons, encore et encore, pour l'éternité. C'est l'expression de notre plus grand secret : cette culpabilité profonde que nous maintenons au cœur de notre conscience, celle d'avoir quitté notre Père et de jouer maintenant en solo. Nous avons littéralement quitté le paradis pour créer et expérimenter l'enfer.

Ce jeu est idiot, mais tout n'est pas perdu.

Imagine un peu ces poupées russes de diverses dimensions imbriquées les unes dans les autres : c'est toi. Tu es un être multidimensionnel. La grande poupée, c'est ta dimension spirituelle supérieure, là où tu es en relation directe avec ton Créateur. La plus petite poupée, c'est ta dimension humaine, l'expression la plus infime et partielle de ton être. Les poupées intermédiaires sont tes dimensions intermédiaires, là où sont stockées les informations transgénérationnelles et karmiques par exemple. Tu es tout cela à la fois.

Seulement, lorsque tu es sous ta forme humaine, tu es atteinte d'amnésie et tu ne vois plus que la petite poupée que tu es. C'est assez logique, quand on y pense : la petite poupée et sa forme restreinte, son champ de conscience limité, n'est pas capable d'emmagasiner autant d'informations. Elle ferait une surchauffe. Seul l'important reste, comme un souvenir lointain. Quand je dis « l'important », il ne s'agit pas de mon propre jugement mais bien du programme qu'a choisi ton âme au moment de ton incarnation.

Tu es donc là, dans ta mini version, à déambuler sur Terre. Tu y crois à fond, aussi bien au décor que tu as créé qu'à ce que tu appelles maintenant « moi ». Et plus tu joues à ce jeu, plus tu t'attaches à lui. Tu t'émerveilles de la beauté et de la complexité de la Terre, de son mystère et de sa magie. Tu aimes et tu détestes ton personnage, simultanément. Tu te dis imparfaitement parfaite, entre tes rires et tes colères. Et tu crois savoir ce qu'est l'amour, pour avoir aimé un autre personnage.

Et puis il y a la vie, « ta vie ». Cette série d'événements qui te font oublier toujours plus qui tu es vraiment. Tu cours dans tous les sens, répondant à tes nombreux besoins humains : un toit au-dessus de ta tête, de la nourriture sur la table, le sentiment de sécurité, un certain confort, une communauté, de l'estime, un but, des accomplissements. On pourrait résumer tout cela à la carotte qui te fait avancer, à ce que tu appelles tes priorités. Ces priorités sont la base de toutes les décisions que tu prends. Décisions qui mènent, bien sûr, au passage à l'action. Et ces passages à l'action donnent ta vie actuelle.

> Priorités > Décisions > Actions > Existence

Cette version de toi, le petit humain/la petite poupée, je l'appelle aussi « Le poulet sans tête ». As-tu déjà vu une poule courir alors qu'on venait de lui trancher la tête ? Je trouve personnellement que cela nous représente bien. Tu es dans cette course effrénée, dans un monde d'illusions à courir après d'autres illusions. Tout ça parce que tu as un petit problème de mémoire et que tu crois maintenant que tu vas mourir. Non seulement ce jeu est une arnaque totale mais, en plus, tu t'es tellement oubliée dedans que tu as fini par l'aimer. Comment faire autrement pour accepter l'inacceptable…? On nage en plein syndrome de Stockholm.

Note : Le syndrome de Stockholm est un phénomène psychologique observé chez des otages ayant vécu durant une période prolongée avec leurs geôliers et qui ont développé une sorte d'empathie, de contagion émotionnelle vis-à-vis de ceux-ci, selon des mécanismes complexes d'identification et de survie.

Ta vie est un rêve. Depuis quand un rêve est-il important ? Que ce soit son histoire ou ses personnages ? Que ce soit l'endroit où il se produit, quand il démarre ou quand il finit ? Et pourtant, tu vas maintenant passer ta courte vie à analyser le rêve. Tu appelles cela le développement personnel. Effectivement, il s'agit de développer le personnage, le poulet, et non la grande poupée que tu es, que tu as toujours été et que tu seras à jamais.

Cette grande poupée, c'est le Soi. Le Soi est une émanation directe du Créateur, faite exactement à son image. Le Soi, c'est le Fils de Dieu. À cet endroit, tous les poulets que tu as joués ont disparu. Tous ceux que tu as rencontrés aussi. Ainsi que toutes les planètes et les dimensions. Tout est absorbé dans l'Absolu. Dans ce qu'Un Cours En Miracles appelle la Filialité. Dans ce livre très juste, d'ailleurs, on ne parle pas des Fils de Dieu (au pluriel) mais bien d'un seul. Car il n'existe qu'une seule Création, une grande poupée unique qui contient tout. Tu es cela, Tu Es le Soi.

Ce n'est pas *ton* Soi car, à cet endroit, ton système de pensée égotique, celui qui crée les multiples personnages, est dissout. Le Soi a son propre système indépendant et Il est incapable de se mélanger à celui de l'ego. C'est comme regarder à gauche et à droite en même : c'est impossible. Le Soi n'est pas ton âme non plus, car celle-ci est une conscience individuelle et donc séparée de son Créateur. Le Soi, aussi, est immortel et permanent. Il ne connaît pas le temps, l'espace ou le mouvement. Il Existe, Il Est. C'est ta dimension la plus pure, la plus belle et la plus puissante. C'est le divin en toi.

> *« La cause de ta souffrance n'est pas dans la vie à l'extérieur de toi, c'est à l'intérieur de toi en tant qu'ego. Tu t'imposes des limitations, puis tu te lances dans une lutte vaine pour les transcender. Tous les malheurs sont dus à l'ego ; avec lui viennent tous tes problèmes. »* - Sois ce que tu es, Sri Ramana Maharshi

As-tu réellement envie d'exister, ici et maintenant, en mode poulet sans tête ? Rien ne t'oblige à le faire, même si tu as l'impression d'être coincée dans ce rêve que tu appelles ta vie. Ce n'est pas parce que ta mémoire te joue des tours que tu n'es pas le Soi, ou que tu en es séparée. Cela est littéralement impossible.

Cet être divin que tu es ne peut pas disparaître, seuls tes souvenirs se font la malle. J'ai une bonne nouvelle pour toi : tu n'as donc aucun effort à fournir pour essayer d'être ce que tu es déjà. Tu n'as RIEN à faire. Seul le poulet amnésique peut croire une chose pareille.

Le simple fait d'observer ton personnage te prouve que tu n'es pas lui. Comment des yeux peuvent-ils s'observer eux-mêmes ? Comment des pensées peuvent-elles réfléchir sur leur propre contenu ? Cela est impossible. Seule une dimension supérieure le peut. Dès l'instant où tu observes la petite poupée, ainsi que les intermédiaires, tu es dans le Soi. L'ego te rappellera vite fait à l'ordre, en émettant une longue série d'idées-jugements sur ce que tu es en train d'observer, mais peu importe. Tu es l'observateur, pas l'observé. Et l'observateur est ta dimension supérieure.

Maintenant que tu sais tout cela, où tu es et qui tu es, le moment est arrivé de réorganiser ta manière de penser, de voir et de vivre ta vie. C'est ce que nous allons explorer ensemble dans le chapitre suivant…

CHAPITRE DEUX

ÊTRE FAIRE AVOIR

Bienvenue dans ce joyeux bordel que tu appelles ta vie !

Récapitulons :

1. Le monde n'existe pas, il s'agit juste d'un rêve.

2. Tu es un être multidimensionnel qui vit une expérience virtuelle séparée.

3. L'humain que tu es est ultra programmé.

Tu fonctionnes littéralement comme un robot dans ce que tu appelles ta vie. Celle-ci semble très imparfaite, raison pour laquelle tu cherches à l'améliorer constamment. Tu veux changer les choses. Tu veux sortir de ces tranchées que tu sembles avoir tracées. Tu veux une activité de rêve, où tu t'épanouis et où les clients arrivent sans rien faire, mais cela semble inaccessible. Souvent, tu penses qu'il faudrait que tu fasses ceci ou cela. Tu as une idée de la marche à suivre, mais tes peurs viennent te freiner des deux pieds. Tu sembles être coincée dans un jeu où tu ne peux pas gagner.

Sors de l'idée que tu doives faire quelque chose.

Ta situation actuelle est le résultat, l'expression plus exactement, de ton mode de pensée. Du système que tu as mis en place en t'incarnant et que tu as peaufiné au fur et à mesure de tes expériences ici. La petite poupée en toi a une façon de penser, des jugements et des croyances, qui sont la source de ta réalité actuelle.

Lorsque l'on veut modifier le scénario de sa vie, il faut aller à la racine du mal : l'esprit. C'est là que les grands changements permanents ont lieu. Il s'agit dès lors d'être autre chose, avant de penser à faire quoi que ce soit. Malheureusement, on nous apprend tout l'inverse depuis l'enfance, raison pour laquelle ce n'est pas une évidence pour la plupart des gens.

Faire > Avoir > Être

On nous enseigne à Faire : aller à l'école, travailler. Pour Avoir : un beau diplôme, de l'argent. Pour Être :

je suis quelqu'un maintenant que j'ai un poste important, une belle maison.

La grande majorité des gens fonctionne sur ce schéma. C'est comme cela qu'ils arrivent à la quarantaine avec de grosses crises existentielles. Ils passent la première moitié de leur vie à bâtir ce qu'on leur a dit de mettre en place pour leur survie. Ensuite, arrivés au bout de ce chemin, ils se retrouvent dans des vies dénuées de sens. Ils se rendent compte qu'ils sont passés à côté de leurs rêves, leur art, leurs passions, leur essence de créateur. Certains ne prendront jamais ce tournant de la vie consciente et finiront avec des regrets sur leur lit de mort. Mais, bonne nouvelle, tu n'es pas concernée étant donné que tu lis ces mots.

La vraie formule de l'existence n'est pas celle-là. Elle a été inversée. La bonne version te met directement sur les rails d'une vie alignée, connectée, et où les synchronicités s'en donnent à cœur joie. Là où, effectivement, tu adores ton job et où les clients semblent surgir de nulle part. Cette formule est précieuse, alors enregistre-la et intègre-la dans ton existence. La voici :

Si tu souhaites changer le parcours de ton existence, il ne s'agira pas de se lancer tête baissée dans une nouvelle aventure. Il faudra commencer par Être. Être ce que tu es, lorsque tu as retiré toutes les couches de ton petit personnage. Il te faut te reconnecter avec la dimension spirituelle en toi, avec ta grande poupée, le Soi. À cet endroit, les peurs disparaissent. Les besoins aussi. Vide ton esprit de tout le chaos et le bruit du rêve. Quand tu te débarrasses de ce que tu n'es pas, tu peux enfin être toi. Le vrai toi.

Voici un exercice que je t'invite à faire. Je l'appelle l'exercice de « l'oignon », car il s'agit de retirer, couche par couche, tous les aspects du personnage que tu penses être. Cela te permet de te déconnecter du programme appelé ego.

Exercice de l'oignon :

Ferme les yeux et prends trois grandes respirations profondes et lentes afin de te détendre. Plonge dans le moment présent, dans l'ici et maintenant. Plonge au cœur de ton être... Maintenant, retire ton prénom, oublie comment tu t'appelles. Abandonne cette idée d'avoir un prénom. Lâche complètement cette information... Retire ton nom, ta famille, tes enfants, ton conjoint, tes parents, tous tes liens familiaux. Oublie tout. Abandonne l'idée. Lâche complètement l'information... Retire ton passé, toutes les histoires, les blessures et les bagages. Oublie tout. Abandonne l'idée. Lâche complètement l'information... Retire ton futur, toutes tes projections, les plans pour l'avenir. Oublie tout. Abandonne l'idée. Lâche complètement l'information... Retire tes envies, tes rêves et tes désirs. Oublie tout. Abandonne l'idée. Lâche complètement l'information... Retire tout ce qui surgit en cet instant dans ton esprit. Toutes les idées que ton ego essaie de te passer. Oublie tout. Abandonne ces idées. Lâche complètement l'information. Tout ce qui vient, abandonne-le...

QUE RESTE-T-IL ? QUI ES-TU ? QUI OBSERVE CE QUI EST EN TRAIN DE SE PASSER ?

Te voilà maintenant dans ta dimension supérieure, le Soi. Il n'y a rien de compliqué ou de difficile à faire. Il s'agit d'ôter tout le brouillard de l'esprit dominé par l'ego. Tu ne peux pas te tromper ou passer à côté. Tu ES le Soi, tu n'as aucun effort à faire. Il suffit d'être vigilante et d'abandonner consciencieusement ce qui ne t'appartient pas.

***

Un petit mot sur le « Le pouvoir du moment présent » d'Eckhart Tolle car, il y a beaucoup de chance que tu le connaisses et que tu l'aies pratiqué. C'est un merveilleux outil et ça ressemble beaucoup à ce que je viens de te décrire. Eckhart nous propose d'être dans l'ici et maintenant, dans cet espace vide entre deux pensées. C'est effectivement puissant et ça te reconnecte au Soi. Sauf que… l'exercice n'est pas complet car tu ne t'es jamais séparée du programme que tu crois être. Une fois l'exercice fini, la plupart des gens retournent illico en mode petit humain, avec tous leurs problèmes. À aucun moment, l'exercice d'Eckhart ne valide l'idée que le personnage que tu as créé est irréel.

***

Pour atteindre un niveau spirituel élevé, il faut passer par la désidentification. Cela ne veut pas dire qu'il faut effacer le programme et devenir une sorte d'humain invisible qui fonctionnerait de manière bizarre. Mais bien d'accepter que nous ne sommes pas cet être limité et ultra programmé et de voir les choses pour ce qu'elles sont. Cela permet de se détacher du drame de la vie, et de revenir à la paix et à la sérénité. En d'autres mots : d'exprimer enfin ta vraie nature, dans cette condition humaine.

Pratique l'exercice de l'oignon régulièrement jusqu'au moment où tu constates que ton regard a changé. N'oublie pas que tout ceci est un entraînement de l'esprit. Une fois celui-ci entraîné à fonctionner différemment, le programme est modifié, de nouveaux automatismes sont mis en place et ta vie change.

Être est la clé principale, le premier pas. Après, seulement, tout se met en place, comme par magie. Plus tu reconnectes à ton essence divine, à ton esprit supérieur, plus tu es dans la joie et la paix. Rien ne sert de passer à l'action tant que tu n'as pas repris conscience et goûté à cet état d'être. Et c'est précisément quand tu es dans cet état de sérénité extrême que tu peux faire confiance à l'envie de faire qui surgit.

Lorsque tu es en mode petit humain, petit personnage ultra programmé, tu es le poulet sans tête. Tes besoins déterminent tes envies, et tes envies déterminent tes décisions. Tu fonctionnes sur ton système égotique. Lorsque tu es en mode grande poupée, esprit supérieur, tu es le Soi. Il n'y a alors plus de besoins, juste de la joie et une profonde envie de Créer. C'est comme cela que le Soi s'exprime. Il Est et ensuite il Fait.

À partir de là, tes décisions et tes actions deviennent ultra alignées avec la magie de la vie et les dimensions supérieures. Tout ce que tu fais est maintenant imprégné de ta lumière et non de tes peurs. Ça change tout. Ton énergie est dorénavant complètement différente, quoi que tu fasses ou penses, et donc ce que tu attires à toi aussi.

> *« Il n'y a aucune comparaison entre une vie basée sur l'ego et une vie basée sur le Soi. Tout est différent. Le premier système nous maintient dans un mode de survie, le deuxième, dans un mode de création. D'un côté, nous sommes dans la peur, la lutte et le manque, de l'autre, dans l'amour, la joie et l'abondance. Qui, sain d'esprit, pourrait opter pour cette vie égotique ? Personne. Qui le fait, cependant ? Nous tous ! Nous ne sommes donc pas sains d'esprit. »*

La loi d'attraction

La loi d'attraction est un sujet important et incontournable car c'est une réalité absolue. Tes pensées ne sont pas seulement de l'énergie, elles agissent aussi comme des aimants qui attirent et repoussent en continu. La loi d'attraction fonctionne de manière ininterrompue, et pas uniquement lorsqu'on a décidé de « l'activer ».

C'est précisément la raison pour laquelle ça ne marche pas à tous les coups. J'entends par là les diverses techniques enseignées comme les tableaux de visualisation, la visualisation elle-même, les déclarations d'intention, et j'en passe. Si je visualise un gros chèque qui arrive, mais qu'à côté de ça je transpire le manque par tous mes pores, le gros chèque n'arrivera jamais. Au contraire, le manque sera de plus en plus présent dans ma réalité. C'est un exemple un peu grossier que je donne ici, afin de clarifier le fonctionnement de cette loi d'attraction, mais cela fonctionne comme ça : c'est la pensée (fréquence) la plus puissante qui l'emporte.

Ce dont on parle moins, car méconnu, ce sont des deux niveaux différents de la loi d'attraction. À savoir : *qui* attire en réalité ? D'une part, nous avons notre brave poulet sans tête ultra programmé qui attire à lui les effets de son programme. D'autre part, nous avons notre dimension supérieure, le Soi, qui a rarement son mot à dire et qui, elle aussi, attire les effets de son expression divine.

Qui fait des visualisations ? Des tableaux ? *Qui* demande ceci ou cela à l'Univers ? Aux anges ? À Mamie ? Le petit humain. Et pourquoi le fait-il ? Parce qu'il est intimement convaincu que sa situation actuelle est imparfaite. Il pense qu'il lui manque quelque chose. Il veut dès lors corriger le tir, changer son existence. Il veut… CONTRÔLER son existence. Secrètement, il est convaincu qu'il sait mieux que quiconque ce qui est juste dans sa vie et comment elle devrait se dérouler. Il est certain de tous ses jugements (avis, opinions…). Qu'il s'agisse de ses « problèmes », des gens autour de lui, des idées qui circulent, etc.

Sauf que, ses jugements sont la base de son programme. Ils sont le fruit du modèle qu'il a adopté en s'incarnant, peaufiné ensuite au fil des ans par ses expériences. Ses jugements sont les causes précises de sa vie actuelle, sa vie étant l'effet, la conséquence, de ceux-ci. Normal que l'humain attire à lui systématiquement les mêmes schémas et problèmes s'il ne change pas le programme de base. C'est le premier niveau de la loi d'attraction, en résonance avec le niveau du programme, le niveau de l'ego.

Le deuxième niveau se trouve en dehors du système de pensée de l'humain limité. Une fois que sa conscience est dans le Soi, le programme saute et sa réalité aussi. À cet endroit, étant donné que les peurs et le karma n'existent plus, la loi d'attraction devient une co-création dans ce rêve que nous appelons notre vie. Les désirs qui surgissent sont alors de pures envies de créer, dans la joie. Nous ne cherchons plus à obtenir quoique ce soit, juste à jouer en tant que créateurs. Nous sommes dans un flow continu de vibrations élevées où aucun obstacle n'existe. Les jugements ont disparu, tout ce qui est est absolument parfait : les événements, les gens, les idées, etc.

> **Le deuxième niveau : Je suis donc je crée. Je suis donc je manifeste.**

C'est précisément à cet endroit que tu dois amener ta conscience, si tu souhaites être une entrepreneure connectée, alignée, et entièrement libre. Tu dois Être avant de faire. Ensuite, le faire vient naturellement dans la joie. En toi réside une pulsion extrêmement forte de créer. Elle se révèlera d'elle-même, sans que tu aies à faire quoi que ce soit. Tu auras tout d'un coup envie de faire telle ou telle chose et, parfois, tu renoueras avec tes vieilles amours comme le dessin ou l'écriture…

C'est ce que j'observe chez mes clientes, et c'est un moment très émouvant je trouve. Elles viennent me voir pour un problème particulier et, au fil des séances, je les ramène à leur essence divine. Une fois que de solides brèches sont créées dans le système, l'envie de créer surgit de nulle part. C'est automatique. Comprends qu'il s'agit réellement de ce que tu es. Tu n'as pas besoin d'être illuminée, d'avoir atteint la grande révélation, d'être « spirituelle » tous les jours et de ne plus jamais déraper dans les travers de l'ego. Tu dois juste te rappeler qui tu es et limiter l'importance que tu donnes au programme installé. Il se transformera de lui-même, sous le pouvoir de ton esprit. Tu es aux commandes, tu l'as toujours été.

> *« Voici une autre clé essentielle de la vie : la connaissance seule ne change rien ; la connaissance seule ne nous permet pas d'évoluer, il s'agit juste de nourriture pour l'esprit. Juste entendre, lire ou comprendre quelque chose ne nous aide pas dans ce voyage, mais si nous apprenons quelque chose d'important et qu'ensuite nous nous permettons de l'expérimenter, tout change. »* - 9 Jours d'éternité, Anke Evertz

Pour conclure avec la formule puissante « Être - Faire - Avoir », comme tu l'auras compris : une fois que tu Es, alors tu Fais, puis tu As. La vie te couvre ensuite de cadeaux infinis. Il y a cette sensation d'être vraiment prise en charge, que quelqu'un ou quelque chose veille sur toi.

Un Cours En Miracles nous dit : « *Si tu savais qui marche à tes côtés à chaque instant, tu n'aurais plus jamais peur* ». Tout arrive au bon moment, même l'argent. La façon dont se manifestent les choses, les gens et les événements, est parfois surprenante… C'est là où tu te rends compte que tu n'aurais jamais pu imaginer des scénarios aussi parfaits toi-même.

Alors… es-tu certaine que ce soit judicieux de vouloir contrôler ta vie ? De vouloir manifester des choses très précises, alors que le Soi peut t'offrir beaucoup plus ? Sachant que ton imagination est limitée et programmée ?

Ma vie a pris un tournant à 180° le jour où j'ai admis que je ne savais absolument pas ce que je faisais d'elle. Force était de constater que je me trompais, que j'étais sur une mauvaise voie… C'est là où le lâcher-prise a lui aussi pris une toute autre dimension, différents niveaux, que nous allons explorer dans le chapitre suivant.

CHAPITRE TROIS

LE LÂCHER-PRISE

J'aimais le marketing et j'aimais vendre, parce que ça me mettait en contact avec des gens et, parce que je savais que je leur faisais plaisir en leur vendant ce qu'ils avaient envie d'acheter. Ça fonctionnait pas mal, jusqu'au moment où tout est parti en vrille. Je ne vendais plus rien et, pire, mes dernières clientes étaient mécontentes. Ça ne m'était jamais arrivé avant.

Mon ego en avait pris un coup. J'étais blessée comme une petite fille, je me sentais agressée et mal aimée. J'avais travaillé tellement dur et je donnais pourtant le meilleur de moi-même. Cela faisait des mois que rien n'allait plus, je dégringolais et mon chiffre d'affaires de la même manière. J'avais essayé de trouver des solutions, de lancer une nouvelle offre, toujours plus alléchante, mais rien n'y faisait : la chute continuait son cours quoi que je fasse.

Nous étions un mois de décembre, j'avais alors profité des fêtes pour faire une vraie pause dans mon activité. Deux semaines loin d'elle, de ses plans et de ses déboires. Je m'étais retrouvée face à moi-même et j'avais craqué. J'avais réalisé enfin à quel point j'étais fatiguée mentalement et à quel point je ne savais pas du tout ce que je faisais.

Mon objectif principal était devenu l'argent, nerf de la guerre. Bien sûr, j'avais toujours un message au fond de moi, et je voulais aider mes clientes un maximum. Mais je courais derrière les euros comme un chien court derrière un saucisson. J'avais connu le manque, les dettes, et ce que ça faisait d'avoir moins de 7€ sur mon compte en banque, ne me permettant même plus de payer mon abonnement de téléphone à 9,99€. J'avais dit « *Plus jamais !* ».

Ancienne marketeuse, j'avais alors déployé toutes mes stratégies et repris de nouvelles formations chez les plus grands, aux USA. Mon chiffre d'affaires a tout d'un coup explosé, et j'ai pensé que c'était ça, le secret et le succès. Je savais maintenant que rien ne pouvait m'arrêter, qu'il suffisait de recommencer le procédé, encore et encore. J'avais pris un coach business, un multi-millionnaire américain qui avait de la bouteille.

Rien ne pouvait m'arriver…

J'étais tombée dans la spirale infernale de beaucoup d'entrepreneurs : le toujours plus. Mon chiffre d'affaires était devenu ma préoccupation numéro 1 et le challenge à dépasser constamment. Les fameux paliers, et les plafonds de verre qui vont avec, étaient le point central de mon attention. Cela me demandait beaucoup d'énergie. Entre les spéculations et les lancements d'offres, cela ne s'arrêtait jamais.

Quand mon activité a commencé à suivre la tendance inverse, avec ce chiffre d'affaires en chute libre, le stress était monté d'un cran. J'avais fait tellement de projets avec cet argent que je devais gagner. J'avais même suivi plusieurs formations, et lu plusieurs livres, sur les investissements, la cryptomonnaie, la bourse, l'immobilier, les matières premières, et j'en passe. Je n'avais pas fait les choses à moitié, comme d'habitude. Et, bien sûr, emportée par ces projets et ces désirs de grandeur, je l'avais partagé à mes proches. Il y avait maintenant cette impression de leur devoir quelque chose, une espèce d'obligation de réussir. Surtout envers mon mari, que je voulais soutenir financièrement à tout prix. Puis, tant qu'à faire, prouver à tout le monde que je pouvais réussir.

Me voici donc en cette fin d'année mouvementée, seule face à mes échecs financiers et, très fatiguée. J'avais un réel besoin de couper, de me retrouver avec moi-même. J'en avais profité pour reprendre mes lectures spirituelles. Cette année avait été tellement effrénée que j'avais mis de côté mes explorations multi-dimensionnelles. Je n'avais plus eu le temps de me préoccuper de tout ça, comme si ça ne faisait pas partie de la « vraie » vie de toute façon. Il y avait plus important.

Dans ce silence, seule avec moi-même, j'ai craqué.

C'est alors que j'ai craqué. En quelques jours à peine de reconnexion avec mon âme, j'ai réalisé à quel point je m'étais égarée. J'étais partie sur une voie qui n'était pas moi. Ou, plutôt, qui ne me nourrissait pas. C'est à ce moment-là que j'ai littéralement parlé à Dieu, comme un cri de désespoir. Et je Lui ai dit « Je Te donne ma vie ; force est de constater que je ne sais pas ce que je fais, fais-en ce que tu veux ! » J'étais prête à tout pour sortir de cet enfer que j'avais créé.

Quand la vie te met au pied du mur, il n'y a que deux solutions : ou tu résistes, ou tu lâches. Je te conseille d'opter pour la deuxième, car, même si elle fait peur, c'est celle-là qui t'offrira enfin tous les cadeaux de la vie. Les témoignages ne manquent pas, de ces gens qui ont tout abandonné pour se reconstruire et qui ont enfin brillé. Ou de ces grands sages qui ont abandonné leurs schémas de pensée et qui ont subitement atteint l'illumination.

Tout est dans le lâcher-prise. Il est la porte ouverte vers le changement et la réalisation. Il a aussi différents niveaux, chaque niveau étant une étape de plus vers ta divinité. Vers Être, vers le Soi. Nous sommes tous sur ce chemin et c'est, selon moi, le seul but et grand enseignement de la vie. La seule raison pour laquelle nous sommes sur Terre.

Ce qui suit sont les niveaux que j'ai découverts et expérimentés. À l'exception du premier, ces niveaux m'ont permis de transformer ma vie à 180°.

Ils sont au nombre de 6.

Premier niveau

Le premier niveau du lâcher-prise est le plus
élémentaire. C'est celui que l'on découvre à travers le
développement personnel. Il est extrêmement limité. Il
ressemble plus à un « *Ok j'écrase* » ou à un « *Ok je mets
ça sous le tapis* ». Un événement ou une personne
m'irrite et je lâche prise. Je classe la chose dans la
catégorie « *pas grave* » et je continue ma vie. Je
m'entraîne à passer au-dessus des choses en les
rendant futiles.

C'est un piège, comme tout ce qui concerne le
développement personnel. Si tu réfléchis à cette
méthode, tu te rendras vite compte que rien n'est
résolu, ni transformé. Rien n'a changé en la personne
qui pratique ce niveau de lâcher-prise, si ce n'est
qu'elle est devenue plus patiente. C'est une très petite
victoire et, malheureusement, le programme du
système égotique est toujours bien en place. On y a à
peine touché.

Les choses deviennent sérieuses à partir du
deuxième niveau et les suivants. Ce qui va suivre est
le processus que j'ai expérimenté et que j'explore
encore, car il est sans fin. Tant que mon ego n'est pas

complètement dissout, absorbé, dans le Soi, le chemin se poursuit. Une fois qu'il cesse d'exister, c'est l'illumination permanente. Il existe des étapes intermédiaires durant lesquelles ta conscience prendra de l'expansion. Le lâcher-prise et ses niveaux sont ces étapes.

> *Le lâcher-prise est LA clé.*

Les niveaux qui vont suivre ne sont pas une suite exacte. Il s'agit de mes propres découvertes et expériences dans un ordre plus ou moins chronologique. Ils peuvent se mélanger et, de toute façon, chacun reste d'actualité tant que tu n'auras pas atteint l'illumination. Ils sont tous actifs simultanément. Cependant, le petit humain en nous ne s'en rend pas compte et, vu ses capacités limitées, il a besoin d'aborder un seul problème à la fois.

Deuxième niveau

Le second niveau du lâcher-prise, qui est le vrai premier niveau spirituel, est de lâcher qui tu es. Il s'agit d'admettre que tu n'es pas ce personnage qui déambule sur la planète. Tu n'es pas ce programme, ça n'a jamais été toi. C'est un très gros morceau, celui de la désidentification. Il demande toute ta vigilance car, l'ego est subtil, il défendra par tous les moyens possibles sa place dominante. Ce lâcher-prise ne sera complet qu'à la fin, même si tu travailles dessus depuis le début de ton parcours spirituel.

Tu n'es pas le corps ni ce mental qui va avec. D'ailleurs, tu en as eu des milliers d'autres. Pourquoi ceux-ci seraient-ils plus importants dans cette vie-ci ? Chaque réaction, chaque jugement, ne t'appartiennent pas. Il s'agit d'un programme disponible pour toi, que tu as décidé de télécharger à un moment donné. Chaque fois que tu observes le personnage, tu es déjà dans ta dimension supérieure. Car l'observateur ne peut pas être l'observé. Les yeux ne peuvent pas se voir eux-mêmes, n'est-ce pas ?

Lâche tout ce que tu crois être vrai te concernant, libère toutes les étiquettes et les cases dans lesquelles tu t'es mise. Tu n'es pas ceci ou cela, tu es un être divin qui expérimente.

Troisième niveau

Le troisième niveau du lâcher-prise est de lâcher ta vie. C'est le grand saut dans le vide, sans savoir où tu vas. C'est un niveau qui fait très peur. Bien plus qu'une simple sortie de zone de confort, il s'agit de remettre ta vie entre les mains de Dieu. C'est exactement ce qui s'est passé pour moi, lorsque j'ai déclaré forfait, voyant mon activité sombrer lentement mais sûrement, alors que je faisais « *tout bien comme il faut* ».

Nous cherchons constamment à contrôler notre vie, parce que nous pensons savoir ce qui est mieux pour nous. C'est complètement illogique et insensé, étant donné que nous ne connaissons pas toutes les possibilités qui s'offrent réellement à nous. Ces possibilités dépendent de facteurs infinis : événements, personnes, etc. Nous ne pouvons pas avoir ce recul sur l'existence, cette immense vue d'ensemble, et nous n'avons pas les capacités mentales pour gérer cette quantité énorme d'informations. Vouloir gérer sa vie, c'est se prendre pour Dieu.

Ne gère rien. Tu ne sais pas ce que tu fais, et ce n'est définitivement pas de ton ressort.

Quatrième niveau

Le quatrième niveau du lâcher-prise est de lâcher tes pensées. Faire littéralement le vide dans ta tête. Arrêter le hamster dans sa roue. Lorsque nous sommes en mode poulet sans tête, nous cherchons à tout contrôler dans les moindres détails. Les activités à faire, les choses à dire, etc. Nous planifions, nous réfléchissons, nous développons des stratagèmes, etc. Cela crée une charge mentale importante et, surtout, cela nous maintient loin de notre conscience spirituelle.

La vie se fait, avec ou sans nous. Penser sans cesse, à tout, ne nous aide en rien. C'est littéralement inutile. Cela ne change pas le cours des choses et, comme nous l'avons vu précédemment, il n'y a pas à contrôler notre vie. Analyser ou ressasser le passé, tout comme fantasmer sur un futur possible, est une perte d'énergie inutile. Combien de fois as-tu imaginé une scène afin d'anticiper et de contrôler l'événement et, au final, vécu autre chose ? À chaque fois.

Retiens que tu es tout à fait capable d'affronter n'importe quel obstacle qui se présente à toi, sans y être préparée. D'une part, parce que tu as un cerveau analytique et logique qui trouvera dans la seconde une solution. D'autre part, parce que tu es dotée d'une intuition qui te dirigera de manière évidente vers la voie à suivre. D'ailleurs, c'est ce qui se passe à chaque fois que tu te retrouves devant une épreuve. Tu ne t'y attends jamais et tu la gères toujours. Tu es on ne peut plus armée pour la vie qui se déroule devant toi.

Cinquième niveau

Le cinquième niveau du lâcher-prise est de lâcher tes perceptions. C'est un sacré morceau, car notre personnage fonctionne directement sur ses perceptions. Le programme que nous avons téléchargé est validé uniquement par celles-ci. Je vois, je goûte, je sens, je ressens et j'entends, donc *tout est vrai*… Non, tout est faux, archi-faux.

Mes perceptions sortent tout droit de mon esprit, contrairement à ce qu'on pourrait penser. Le corps n'y est pour rien, c'est un outil de communication qui joue les intermédiaires. Ferme les yeux et imagine manger un citron frais : tu salives illico, alors que le citron est imaginaire. Pareil dans les rêves : combien de fois t'es-tu réveillée après un cauchemar, le cœur à du 100 à l'heure, alors que ton corps était bien tranquillement allongé sur ton lit ?

Ne fais pas confiance à ce que tes yeux voient. Tu n'es pas dans la scène, mais en train d'observer la scène. Tu n'es pas là. Tu es partout et tu concentres juste ton attention sur cette scène en cet instant. Tu ne te déplaces pas non plus, tu es immobile et un film mouvant est joué devant toi. Le temps et l'espace n'existent pas. Tu es dans ce monde momentanément mais pas de ce monde.

Sixième niveau

Ce sixième niveau du lâcher-prise est de lâcher ton existence. C'est un niveau que je n'ai pas expérimenté au moment où j'écris ces lignes. Je ne peux donc pas t'en parler, j'ai juste reçu l'information lors de la rédaction de ce chapitre. On me dit qu'il s'agit de quitter le monde des illusions complètement, et de rentrer à la maison. Le retour complet du Soi.

Au fur et à mesure que tu joueras dans les niveaux de lâcher-prise, ta dimension spirituelle se révèlera à toi. Parallèlement, ton personnage te semblera de plus en plus ridicule et, tu réaliseras à quel point le développement personnel était un outil (très) limité.

Étant donné que toutes les femmes (et les hommes) avec qui je travaille sont passées par cette étape du développement personnel, nous allons y plonger concrètement. Dans le chapitre suivant, tu découvriras ses nombreux pièges et, surtout, pourquoi il ne fonctionne pas.

CHAPITRE QUATRE

LE DÉVELOPPEMENT PERSONNEL

Blessures de l'enfance, programmation neuro-linguistique, communication non violente, hypnose, constellations familiales, human design, access keys, énéagramme, mind mapping, astrologie, numérologie, mantras, visualisations, et j'en passe : TOUS travaillent sur la petite poupée.

Tous ces outils ont été créés pour analyser et diriger au mieux le petit humain paumé dans les méandres de sa vie. Ils le soulagent mais ne changent en rien l'illusion totale dans laquelle sa conscience est plongée. Ils se concentrent sur la pointe émergée de l'iceberg.

La situation est pire qui n'y paraît : pendant que tu mets toute ton attention et ton énergie sur ton poulet, tu en oublies ta dimension divine. Rappelle-toi que tu rends réel là où ton regard se pose. Tu nourris cette infime version de toi, cette partie amnésique qui te maintient dans la souffrance. Tu alimentes et conserves soigneusement le piège dans lequel tu t'es enfermée.

Tous mes clients sont passés par la case *développement personnel*. Ils en connaissent un bout sur leur personnalité, leur enfance, leurs blessures, leurs problèmes familiaux, etc. Ils savent la plupart du temps pourquoi ils réagissent de telle ou telle manière. Ils passent encore énormément de temps à analyser la moindre de leurs pensées ou actions. C'est comme un sport. Tout passe à la loupe. Leur curiosité n'est jamais rassasiée. Comme si connaître le personnage par cœur allait changer quelque chose. Pas du tout.

Connaître le personnage par cœur ne t'aide en rien.

Que de temps et d'énergie placés au mauvais endroit. Raison pour laquelle ils se retrouvent encore et encore dans les mêmes scénarios. Certaines choses restent définitivement bloquées dans leur existence. Ils se demandent, et c'est tout à fait légitime, pourquoi rien ne change, avec tout ce travail qu'ils ont fait sur eux. Ils passent d'une méthode à une autre, se rendant bien compte qu'il leur manque une clé.

Ils essaient même les « choses spirituelles », comme l'exploration karmique ou les soins énergétiques. Certains pensent maintenant être pollués par des entités, ou ne rien pouvoir faire car une ancienne vie les bloque. Le piège se referme toujours plus sur cette vie dont ils ont perdu le contrôle depuis longtemps.

On m'a dit récemment que je ne croyais pas aux entités malveillantes. C'est faux. L'illusion aux dimensions infinies que nous avons créée et dans laquelle nous « sommes » contient tout. Je valide complètement les expériences de chacun, peu importe la forme que ça prend. Ces entités ne font juste pas partie de ma réalité, elles ne sont pas dans mon programme.

Mais, lorsque j'ai un client en face de moi qui s'accroche à son histoire d'entités, je sais qu'il s'agit du jeu de sa petite poupée. Je n'entre pas dans ce jeu, car ce n'est pas là que la solution se trouve. Tu ne peux pas résoudre un problème avec le même état d'esprit et le même niveau de conscience que ceux qui l'ont créé.

Une chose fondamentale à comprendre ici, aussi, est qu'il n'y a pas d'ordre de difficulté dans les problèmes que tu rencontres. Ni de niveau de gravité. Ton mental va résister devant cette information mais, si rien n'est réel, pourquoi certaines choses devraient être plus importantes ou graves que d'autres ? Même, pourquoi cette vie et ce corps sont-ils si importants, alors que tu t'es incarnée des milliers de fois déjà et que tu as donc eu des milliers de vies et de corps ?

Si ton enfant fait un cauchemar, tu vas attendre patiemment qu'il se réveille. Tu ne vas pas le brusquer, le secouer ou hurler dans son oreille pour le sortir de son sommeil, ce serait assez violent. Quitte à faire quelque chose, tu essaierais plutôt tout en douceur. Tu ne vas pas non plus chercher à entrer dans son rêve. Ce n'est pas possible, il s'agit de sa création, pas d'une réalité universelle. Puis, quand il sera enfin éveillé, tu ne vas pas lui dire non plus que son cauchemar était réel ou passer des heures (voire des semaines) à l'analyser. Tu sais très bien que cela ne sert à rien. C'est pareil pour toi, quand tu es plongée dans le cauchemar illusoire de ta vie.

> *Tu passes ton temps à analyser et à vouloir*
> *modifier ton rêve au lieu d'en sortir.*

En réalité, tous tes problèmes sont une seule et même chose qui s'exprime : ton système égotique et son instinct de survie. Peu importe le niveau du problème, qu'il soit humain, karmique ou autre, il s'agit toujours des poupées reliées au *mauvais* système de pensée : l'ego.

> *Transcende l'ego et tu transcenderas tous tes problèmes*
> *d'un coup.*

Le développement personnel te dit de t'accepter comme tu es : c'est le poulet que tu dois accepter, et donc l'ego. Il te dit d'être douce avec toi-même : tu dois être douce avec le poulet. Il te dit de t'ancrer dans ton corps : il s'intéresse maintenant au véhicule du poulet et à ses perceptions trompeuses. Il te dit de réparer tes blessures : seul le poulet peut être blessé.

Ce que tu es est à l'image de Dieu. Lorsque tu

observes le monde depuis ta dimension divine, tu es la Joie, la Créativité et l'Amour. Pourquoi devrais-tu accepter quoi que ce soit d'autre ou valider des malheurs irréels ? Là où tu es vraiment, rien de tout ça n'est arrivé. Souviens-toi, tu es cette expression divine permanente qui ne connaît ni le temps, ni l'espace, et qui n'est définitivement pas de ce monde.

C'est d'ailleurs pour ça que le petit poulet finit toujours par réaliser qu'il ne désire qu'une seule et unique chose : la Paix. Quelque part, dans un lointain souvenir, il sait qu'elle existe. En vrai, il est cette Paix qu'il cherche tant.

Pour conclure, le développement personnel nous mène vers plus d'auto-dévotion, de nombrilisme, et à un ego gonflé à bloc. Il renforce notre système identitaire et donc, comme on l'a vu dans les niveaux du lâcher-prise, il nous éloigne toujours plus du vrai but à atteindre et des miracles. Il nous enferme dans notre condition de poulet (nos problèmes) et nous maintient loin de notre dimension supérieure (notre vie de rêve).

> *Le développement personnel est le développement de notre petite personne,*
> *et c'est tout le contraire de ce que nous souhaitons vraiment.*

Nous avons exploré jusqu'ici :

- Qui tu es et où tu es,

- L'importance d'Être avant de faire quoi que ce soit,

- L'importance de lâcher prise à tous les niveaux afin de révéler l'être incroyable que tu es,

- À quel point travailler sur ton petit personnage n'arrange rien.

Nous allons maintenant continuer notre analyse, en zoomant sur les particularités de la vie d'entrepreneure. J'aime particulièrement les entrepreneurs car, selon moi, ils ont un message à délivrer. Aussi, le simple fait qu'ils désirent être leur propre patron démontre un désir de liberté et d'autonomie. Je ne peux qu'apprécier ces qualités chères à mon cœur (ou plutôt, au cœur de mon poulet).

Dans le chapitre suivant, je te donnerai des pistes afin de découvrir l'entrepreneure qui est en toi, comment fonctionner de manière optimale en tant que telle et comment surmonter le fameux syndrome de l'imposteur que nous connaissons toutes à un moment donné.

CHAPITRE CINQ

ÊTRE UNE ENTREPRENEURE SPIRITUELLE

**Pour rappel : Être avant de Faire
est particulièrement essentiel pour une
entrepreneure.**

Quelle entrepreneure es-tu donc ? Peu importe la situation actuelle (entrepreneure active, en pause, ou sur le point de se lancer), tu as ressenti cette pulsion de t'offrir au monde. Félicitations ! Ça n'arrive pas au commun des mortels, au contraire...

Une problématique que j'ai souvent rencontrée chez mes clientes est celle de l'alignement ou de la mission de vie. Elles se demandent si elles sont bien faites pour ceci ou cela, si elles sont sur la bonne voie. Cela peut arriver à tout moment sur le chemin de l'entrepreneuriat. D'ailleurs, nombreuses sont celles qui prennent soudainement des tournants à 180 degrés. Parfois, il s'agit d'un événement qui vient bouleverser leur existence et, donc, leurs valeurs et leur vision de la vie. Ce fut mon cas. Pour d'autres, elles perdent tout simplement l'envie de faire ce qu'elles font. Elles cessent d'aimer leur activité. Pour celles qui ne se sont pas encore lancées, elles ne voudraient pas perdre leur temps et s'assurer de réussir avant même de démarrer.

Que ce soit clair : tu n'as pas vraiment de mission de vie !

La grande poupée, ta dimension divine, n'a aucune ambition. Elle n'a jamais été là sur Terre, elle ne s'incarne même pas. Ton âme, par contre, est perdue dans un cycle karmique infernal. Elle se sent obligée de rééquilibrer constamment ses expériences à travers des milliers d'incarnations. Chaque incarnation a une mission (ou, plutôt, plusieurs sous-missions), insérée dans le programme que tu as choisi. Donc, d'une part, tu n'as aucune mission et, de l'autre, tout est déjà tracé pour toi. Dédramatise dès lors cette histoire de mission de vie. Seules les personnes ayant atteint l'illumination se sont libérées de leur karma et donc du programme. Si tu me lis, ce n'est pas (encore) ton cas.

Concentre-toi plutôt sur le fait que tu es au centre de ta vie et que ce rôle d'entrepreneure est une merveilleuse opportunité d'explorer ta créativité. Tu es un créateur, à l'image de ton Créateur. Raison pour laquelle mes clientes, après avoir lâché le personnage, ont des envies soudaines de créer, parfois inattendues. Aussi, quoi qu'il se passe autour de toi (l'économie, les tendances, etc.), reste au centre de tes préoccupations. Le monde extérieur n'a que l'influence que tu lui donnes.

1. Quelle entrepreneure es-tu ?

Voici des questions clés qui t'aideront à déterminer l'essence de qui tu es (dans cette vie-ci), là où tu brilles et où une carrière d'entrepreneure peut s'avérer fructueuse. Je t'invite à prendre de quoi écrire afin d'y répondre posément. Ne réfléchis pas trop, écris les premières choses qui te viennent.

```
Questions clés :
- Quels sont tes dons ?
- Quels sont tes outils privilégiés ?
- Quelles sont tes passions ?
- Qu'est-ce que tu sais faire avec facilité et qui t'est
très utile ?
- Qu'est-ce que tu pourrais faire pendant des heures ?

- Quelles sont tes valeurs ?
- Quelles sont tes oppositions ?
- Qu'est-ce qui te fait grimper aux rideaux ?
- Quel est l'activiste en toi ?

- Quelles leçons la vie t'a-t-elle enseigné ?
- En quoi les autres disent-ils que tu es douée ?
- En quoi ta vie a-t-elle de la valeur ?

- Qui admires-tu ?
- De qui es-tu fan ?
- Qui suis-tu sur les réseaux ?
```

Il existe une multitude de versions de toi car tu es un être multifacettes extrêmement complexe et unique. C'est pourquoi rien ne sert d'analyser tes réponses pendant des heures, voire des jours. Rien ne sert non plus de t'enfermer dans une case subitement. Juste, choisis une version de toi, ici et maintenant. Rien n'est inscrit dans le marbre, ce n'est pas une condamnation à vie. Dédramatise, tu es libre de changer et de transformer ton personnage à tout moment. Puis, de toute façon, c'est déjà inscrit quelque part, le job a déjà été fait pour toi...

2. Comment être une entrepreneure spirituelle :

Quelle que soit la version de toi que tu as choisie, deux choses importantes sont à garder en tête :

1. Tu es au service de plus grand que toi
2. Ton message est plus important que ton ego

Même si tu as l'impression d'être seule au monde, perdue dans tes problèmes, ce n'est jamais le cas. Non seulement, tu es connectée avec l'Univers entier mais, aussi, tu ne peux rien faire sans l'influencer directement. C'est ce que j'appelle l'effet domino. C'est pourquoi ton être et chaque action qui en découle ont une dimension collective.

Quoi que tu fasses en tant qu'entrepreneure, mets-toi tout simplement au service de plus grand que toi.

Tu n'as aucune idée de la manière dont chaque action va changer le cours de la vie d'un grand nombre de personnes. Ce n'est pas de ton ressort ni dans tes capacités. Contente-toi dès lors de suivre le mouvement en ayant le moins de résistances possibles.

Concrètement, cela veut dire d'accepter pour vraies les affirmations suivantes :

- Je suis prise en charge à chaque instant.
- J'ai confiance en cette intelligence divine.
- Tout est absolument parfait dans mon existence.

Tu sais exactement là où ta joie se trouve, il te suffit de la suivre. Il y a une raison pour laquelle tu es attirée par telle ou telle chose. Te viendrait-il à l'idée d'ouvrir une pizzeria ? Non, parce que tu n'es pas destinée à le faire. Tes goûts, tes désirs et tes envies, sont directement calqués sur l'essence de ton personnage dans cette vie-ci. Ils sont parfaits pour toi, il n'y a aucune erreur.

Laisse-toi donc guider par cette joie et ces intérêts particuliers. Rien d'autre. Dans le sens inverse, cela veut dire de ne pas céder à la peur. Ton personnage en a à la pelle, des peurs, et il les exprimera. Chez l'entrepreneure, la plus commune, c'est le manque d'argent, ne pas gagner suffisamment sa vie. Je vais d'ailleurs dédier un chapitre entier à l'argent, tellement c'est présent. Mais, pour l'instant, retiens qu'à chaque fois que tu prendras des décisions basées sur des peurs ou le manque, cette voie sera plus compliquée pour toi.

Les peurs s'expriment souvent sous forme de « Il faut », « Je dois ». Sois attentive à la manière dont tu penses, apprends à les détecter illico, car elles te ralentissent de manière très concrète.

> « Les peurs ne sont rien d'autre qu'un état d'esprit »
> - Napoleon Hill

La peur est une illusion. Elle nous fait croire qu'elle est là pour nous protéger d'un éventuel danger. C'est faux. Ce danger est, dans la grande majorité des cas, un fantasme dans le futur basé sur une expérience passée. Te rappelles-tu de ces rentrées scolaires ? Spécialement la fois où tu as changé d'école ? C'était très traumatisant : nouvelle école, nouvelles personnes, nouveaux profs, nouveaux horaires, nouvelles classes, nouveau règlement. « Est-ce que cette école va me plaire ? Est-ce que les autres élèves et les profs vont être sympas ? Comment je fais pour trouver ma classe ? Et le réfectoire ? » Souviens-toi de toutes ces questions sans réponses, toutes aussi effrayantes les unes que les autres. Et, pourtant, deux semaines après, elles avaient complètement disparu. Tu n'y pensais même plus.

Pourquoi ? Parce que l'inconnu était devenu connu. Donc, la peur n'est qu'une question de temps. Mieux, de chronologie. Tu as peur parce que tu ne sais pas encore comment va se dérouler l'histoire. Pas tant de la manière dont elle va se dérouler. Et tu as peur du comment parce que, inconsciemment, ton ego cherche toujours à contrôler ta vie. Tout y passe : les événements, les lieux, les gens, les émotions, etc.

Lorsque tu abandonnes le contrôle de ta vie, tu abandonnes les peurs. Ton ego va résister devant ce lâcher-prise car il est programmé pour faire tout l'inverse. Pourtant, c'est plus simple à faire que ça en a l'air. Grâce à 2 choses :

1. Reconnaître où tu es
2. Reconnaître ce que tu es

Tu es dans un monde irréel ET magique où tout est possible. Comme je te le disais, tu es prise en charge à chaque seconde de ton existence. Ainsi que chaque être humain qui se balade sur cette planète. C'est pourquoi il faut te rappeler à chaque instant que tout est parfait. Absolument tout : le timing des événements, les personnes que tu rencontres, les lieux où tu te trouves, les clients, etc. Remettre en question la perfection de ton existence, c'est remettre en question cette intelligence supérieure qui te guide à chaque instant. Déclarer que quelque chose est imparfait, c'est déclarer que tu sais mieux qu'elle ce qui est bon pour toi. En clair, c'est déclarer que tu es Dieu. Même si, à un certain niveau, c'est une pure Vérité, c'est loin d'être le cas lorsqu'il s'agit de ton ego en pleine réflexion.

Le deuxième élément afin de sortir de la peur et de lâcher prise sur ta vie, c'est de reconnaître l'être incroyable que tu es, aussi dans ta forme humaine. Tu es complètement armée pour affronter absolument toute situation qui apparaît. D'ailleurs, la vie n'est qu'un flux continu d'incidents auxquels tu fais face au fur et à mesure. Quand un problème surgit, ce n'est pas que tu lui demandes de revenir une semaine plus tard afin de l'anticiper correctement. Dans les faits, tu réagis en mode automatique.

Tu as en effet deux armes redoutables et innées en cas de pépin : ton intellect et ton intuition. On pourrait dire aussi, ton cerveau gauche et ton cerveau droit. Tous les deux travaillent de manière automatique et simultanée quand l'épreuve surgit. Tu n'as pas à faire ou à penser quoi que ce soit. Ton intellect te permet d'obtenir très vite à une solution, grâce à sa logique et à ses facultés analytiques. Ton intuition, quant à elle, te souffle à l'oreille la voie la plus sûre. Même si tu décides d'aller dans une autre direction, sois certaine que tu seras gentiment redirigée sur le bon chemin. De la même manière que, s'il y a un barrage sur la route et que tu changes de voie, le navigateur, dans lequel tu as entré ta destination, refera tous les calculs en quelques secondes pour te mener à bon port. Il se moque bien des détours que tu fais, il a une vue d'ensemble sur toutes les possibilités. Tu es la seule à perdre du temps.

D'ailleurs, comprends aussi ceci : d'une part, il n'y a pas de hiérarchie dans ce que tu appelles « problèmes ». Il n'y a pas d'ordre de difficulté. D'autre part, c'est ton programme (l'ego) qui les considère comme étant des problèmes. Pour l'intelligence qui veille sur toi, un événement est juste cela. Il n'y a pas cette idée de bon ou mauvais, de positif ou négatif. Pour elle, tous ces événements font en sorte de te mener à destination, le plus rapidement et efficacement possible.

***

Le syndrome de l'imposteur

J'en profite pour aborder brièvement l'autre problème le plus courant chez les entrepreneures : le problème de légitimité et le fameux syndrome de l'imposteur. Déjà, c'est simple : qui pense cela ? L'ego, et l'ego a toujours tort.

Comme mentionné plus haut, il y a une bonne raison pour laquelle tu désires être entrepreneure, notamment dans le domaine que tu as choisi. Si tu ne te sens pas à la hauteur, c'est que tu te compares aux autres. Comment cela est-il possible alors que tu es une version absolument unique ? Tu ne comparerais pas des pommes et des poires, n'est-ce pas ? Ta pratique, ta façon de faire ce que tu fais, est absolument unique et propre à toi. Personne sur cette planète n'est exactement la même que toi, c'est impossible.

Côté expérience : c'est en forgeant qu'on devient forgeron. Personne n'est né avec une expertise. Même les plus doués ont peaufiné leur art avec la pratique et les années. L'intelligence suprême qui veille sur toi t'enverra les clients que tu peux aider mais, aussi, qui te permettront d'évoluer. Rien n'est à sens unique, tout fonctionne en mode donner-recevoir.

> *Ouvre-toi, et le monde s'ouvrira à toi.*

L'imposteur, c'est le poulet dans toute sa splendeur. Il pense que tout dépend de lui et que, dès lors, il récolte soit des lauriers, soit des tomates. Il ose remettre en question qui vient frapper à sa porte pour demander de l'aide. Il croit qu'il y a des gens qui y arrivent, qui ont du succès, mais pas lui. Il n'a cependant pas pris le temps de réfléchir à ce que le succès veut dire pour lui exactement. Ses jugements sont basés la plupart du temps sur les idées des autres ou de la « société ». Le poulet est extrêmement influençable et peureux. Il ne sait pas qui marche à ses côtés à chaque instant, alors il se cache du monde. Il croit vraiment qu'il peut lui arriver quelque chose, même s'il ne sait pas quoi exactement. Il enseigne qu'il vaut mieux disparaître que de vivre. Il se met constamment des bâtons dans les roues et rejette inconsciemment son propre bonheur.

Lâche donc le poulet en toi. Tu le connais par cœur, tu en as fait le tour. Il ne te mène nulle part, pourquoi l'écouterais-tu encore ? Il est temps de t'offrir au monde. Tu ne lis pas ces lignes par hasard. Le moment est arrivé pour toi. Tu es prête et j'ai confiance en toi !

Comme je te le disais : il y a une certaine jouissance à se laisser guider. Ne plus prendre de décisions, se laisser porter, se dégager de ses responsabilités et de cette immense charge mentale. Ne plus être aux commandes, ne plus se poser de questions et, enfin, vivre la magie de la vie.

Le chemin se trace alors au fur et à mesure. Tu verras

bien, tu ne sais rien et c'est mieux comme ça. Savoir, c'est limiter l'expérience à une seule possibilité… Contente-toi d'aider l'autre et tu seras comblée.

La vie est un jeu, alors, joue !

Exercice « Être une entrepreneure spirituelle » :

Je te propose cet exercice afin de lâcher le poulet et d'incarner plutôt l'être incroyable que tu es. Il te permettra de modifier ton énergie et d'activer en toi des fréquences divines très élevées. Une fois cela fait, vois là où tu as envie d'aller, les choix et les envies qui te viennent. En clair, prends tes décisions d'entrepreneure à partir de cette haute vibration. Cet exercice est très court mais très puissant.

Installe-toi au calme un instant, de préférence assise. Prends 3 longues et lentes respirations en faisant une pause de quelques secondes entre l'inspire et l'expire. Cela permettra à ton mental et à ton corps de se détendre immédiatement. Les yeux fermés, pense maintenant à Dieu. Sens à quel point tu es reliée au Créateur et à la Création entière. Baigne-toi dans cette incroyable vision et sensation du sans limite, de l'éternel et de la pureté. Une fois connectée à cet incroyable merveille et grandeur, choisis 1 mot pour la représenter. Je ne te donne pas d'exemple ici, et j'évite tout qualificatif de Dieu, car je ne veux pas t'influencer. Ce mot est unique, c'est ta manière d'exprimer le divin. Avec ce mot en tête, ressens maintenant toute l'énergie qui y est connectée. Toute l'immensité et la lumière qui en jaillissent. Sa connexion avec le divin, toi et l'humanité. À partir de là, DEVIENS CE MOT. Oui, ce mot qui représente tout l'extraordinaire et Dieu sur Terre, c'est TOI. Agis et pense en étant ce mot, incarne-le dans chaque pensée et chaque action… et tu ne connaîtras plus aucune limite.

Répète l'exercice aussi souvent que tu en auras envie. Ce mot, cette représentation de Dieu sur Terre, active en toi ta connexion divine et une puissance extraordinaire. Aucun poulet ne lui résiste !

Maintenant que tu sais quelle entrepreneure tu es et comment fonctionner brillamment en tant que telle, explorons le gros dossier de l'argent ensemble afin d'en finir une bonne fois pour toutes ! C'est le sujet du chapitre suivant.

CHAPITRE SIX

L'ARGENT

Pour la confidence, je ne pensais pas écrire un chapitre entier sur l'argent. J'avais bien dans l'idée d'en parler, mais pas autant. C'est en faisant un appel à témoignage auprès de ma communauté que j'ai constaté l'ampleur des dégâts. Cet attachement à l'argent, ce besoin d'en avoir et la peur d'en manquer, tout cela fait partie de la programmation de base du poulet, mais, en plus, nos sociétés viennent en ajouter une (très grosse) couche. Raison pour laquelle l'argent est devenu un élément qui nous obsède, un élément apparemment incontournable dans nos vies.

Alors, mettons les pieds dans le plat tout de suite avec quelques rappels concernant l'argent dans les paragraphes suivants.

Côté spirituel, l'argent n'a pas une énergie

particulière, ni de super pouvoirs qui lui sont propres. C'est juste une énergie, comme tous les êtres et les objets qui t'entourent. Par contre, si tu le traites différemment, grand Créateur que tu es, alors oui, tu modifieras vos échanges énergétiques.

Si on regarde l'histoire de l'humanité, il est loin d'avoir toujours existé. Nous vivions très bien sans lui. L'argent a été créé dans le but de favoriser les échanges, appelés *troc* à l'époque. C'est un outil qui n'a pas plus de valeur que tous les autres qui te facilitent la vie. Une fourchette, par exemple, est merveilleuse car elle te permet de manger sans te salir les mains. Ce n'est pas pour autant que tu la vénères, qu'elle t'obsède ou, mieux encore, que tu ne puisses plus vivre sans elle. Cela risque d'être embêtant au début, mais tu trouveras rapidement une solution.

Pour revenir à notre époque, il existe encore aujourd'hui des civilisations qui vivent parfaitement bien sans argent. Ou, comme dans le documentaire « The Trader » sur Netflix, des peuples où l'argent n'a plus aucune valeur et a littéralement été remplacé par autre chose (par des pommes de terre, dans le cas du documentaire en question). L'autre jour, j'écoutais une émission de The Corbett Report, consacrée aux méthodes alternatives à l'argent. Le journaliste donnait, entre autres, l'exemple de cet Américain qui avait créé des chèques d'un autre genre. Chacun valait une heure de travail, peu importe le type de travail. Ces chèques circulaient parmi une petite communauté, qui avait accueilli le concept avec joie. Ils sont passés de mains en mains, en toute simplicité, pendant 20 ans. La valeur de ces échanges a été estimée à plusieurs millions de dollars. Une façon, en plus, d'éviter les divers systèmes de taxation de se sucrer sur leur travail au passage. J'aime !

Nous pouvons vivre sans argent. Nous sommes juste ultra conditionnés à penser le contraire. Il suffit que tu t'intéresses réellement au sujet pour réaliser à quel point d'autres systèmes existent ou pourraient être mis en place rapidement. Mes arrière-grands-parents, qui me parlaient souvent de la guerre et du manque d'argent à l'époque, en savaient quelque chose. Nous sommes des êtres très créatifs et définitivement résilients. Et, à nouveau, je te rappelle que tu es parfaitement armée pour affronter n'importe quoi.

« *Le rêve du monde prend de nombreuses formes, parce que le corps cherche à prouver de maintes façons qu'il est autonome et réel. Il met sur lui des choses qu'il a achetées avec des petits disques de métal ou avec des bandes de papier que le monde proclame précieux et réels. Il travaille pour les obtenir, faisant des choses insensées, puis il les jette pour des choses insensées dont il n'a pas besoin et qu'il ne veut même pas. Il engage d'autres corps afin qu'ils le protègent et qu'ils amassent davantage de choses insensées dont il pourra dire qu'elles lui appartiennent.* »
- Un Cours En Miracles, Chapitre 27 « La Guérison du Rêve »

Des petits disques de métal et des bandes de papier que le monde proclame précieux et réels, voici ce qu'est l'argent. Ce n'est pas grâce à eux que tu vis, ni que tu es protégée. Les plus riches font aussi des faillites, tombent malades, ont des accidents, etc. Ils connaissent les mêmes difficultés que toi.

Les problèmes d'argent se traduisent en grande majorité par un manque d'argent. Ce manque n'est que l'expression d'un mécanisme plus profond qui appartient à l'esprit. Alors que les personnes pensent n'avoir qu'un problème d'argent, elles ont en réalité un problème bien plus subtil, enraciné dans leur mémoire, et qui va s'exprimer dans tous les domaines de leur vie. Pas uniquement du côté des finances. Seulement, nous avons appris à séparer nos problèmes : l'argent, le couple, la famille, les relations sociales, le travail, etc. Nous séparons de manière inconsciente les blocages que nous rencontrons. Et chaque domaine a sa panoplie d'excuses : le mari pas assez spirituel, le manque d'argent dû à la crise économique, les gens trop agressifs, etc. Il s'agit, en réalité, d'une même chose qui s'exprime de différente manière et à différents niveaux d'intensité.

Si je devais donner la réponse toute crue concernant l'origine de ce manque, en prenant de nombreux raccourcis, je te dirais qu'il s'agit toujours d'un manque d'amour pour soi. Chaque problème est l'expression d'une mémoire (enfance, karma, etc) qui nous renvoie au programme qu'est l'ego. Si ce programme fonctionne en mode principal, si nous y sommes attachés, c'est parce que se trouve en nous une immense culpabilité (la séparation de Dieu). Nous avons créé cet autre système de pensée pour vivre séparés du Créateur et, maintenant, nous avons peur de revenir à la Source. Cette culpabilité continue d'exister tant que nous ne franchissons pas le pas de nous aimer de manière inconditionnelle. Comme notre Père le fait. Alors, nous quittons la culpabilité, l'ego, le rêve et ses illusions. Nous nous révélons à nouveau telle cette essence divine, ce que nous sommes réellement, avons toujours été et seront toujours, quoi qu'il se passe. Les problèmes disparaissent ensuite, comme par magie.

> *Les problèmes d'argent sont une illusion.*

Ne tombe pas dans l'illusion du problème d'argent. Tu as juste mis ton attention dessus et tu as décidé que la situation était grave. Comme tu es un puissant créateur, qui attire à lui ses concepts comme un aimant, tu vis ce que tu penses. Cependant, ne te jette pas la pierre car, la majorité de tes pensées sont inconscientes. Elles font partie du programme téléchargé. Je sais, je me répète, mais c'est tellement important de ne pas ajouter encore plus de culpabilité là où, vraiment, il y en a déjà plus qu'il n'en faut.

La solution est, heureusement, plus simple qu'il n'y paraît : pour changer le programme, le plus efficace est de remonter dans tes poupées. De changer de fréquences. Plus tu reconnectes avec l'être lumineux que tu es, plus tu te détaches du karma et de son drame (ta vie). Chercher à résoudre des problèmes avec l'esprit qui l'a créé, ça ne fonctionne pas. Tu ne peux pas changer le programme quand tu te mets à son niveau. C'est quand tu le dépasses qu'il se régule de lui-même et s'adapte à tes fréquences nouvelles. Alors, tu attires subitement de nouvelles choses, de nouveaux événements, de nouvelles personnes, etc. C'est *magique*.

On en revient donc au principe de base : Être avant d'agir. Plonge au cœur de ton être et sois l'abondance. Ceci est ton plus grand challenge : sentir à quel point tout va bien, tout est parfait, ici et maintenant. Tu as tout ce dont tu as besoin, il ne te manque rien. Cette déclaration représente bien l'abondance et est extrêmement puissante. Plus tu apprendras à être satisfaite avec ce que tu as déjà, plus tes fréquences monteront en flèche. C'est lorsque tu n'auras plus besoin de rien que tu seras comblée. Dès que tu lâcheras le besoin de posséder, tous tes besoins seront pris en charge. Mieux, les surprises frapperont à ta porte.

> *Quand tu ne veux plus rien, quand tu te sens entière et qu'il n'y a plus de manque à combler, alors tu es prête pour connaître l'abondance.*

L'abondance est un état d'être naturel, c'est ce que tu es. C'est pourquoi l'abondance ne se limite pas à l'argent mais touche toutes les sphères de ton existence. À ce niveau d'Être, le monde est plein et a tout à partager avec toi. Il n'y a aucune limite dans ce que tu peux recevoir.

L'argent, d'ailleurs, arrive de bien des sources différentes. Quand on est entrepreneure, on n'a qu'une vision très limitée d'où il peut provenir. On s'enferme dans une case et dans un mode unique de fonctionnement. En réalité, il arrive dans des formes variées : des bons d'échange, des réductions, une aide, etc. De toute évidence, nous avons une imagination bien trop limitée pour considérer comme sérieux le manque d'argent. C'est juste que nous y croyons dur comme fer.

Quand le manque d'argent est considéré comme une réalité matérielle et « concrète » alors, évidemment, c'est l'argent que nous souhaitons manifester. Nous faisons tout, comme je l'ai déjà mentionné, pour enclencher cette maudite loi d'attraction et enfin recevoir le chèque à plusieurs zéros tant visualisé. Malheureusement, rien ne se passe. Normal, étant donné que l'ego a créé la situation et que c'est toujours lui qui fait maintenant semblant de demander une solution. Qui a peur ? Qui veut manifester le chèque ? Le même système. C'est le serpent qui se mord la queue.

Le karma et le vœu de pauvreté appartiennent à l'ego. Plus « haut », dans ta réalité supérieure, il y a tout ce que tu désires, et même plus. Ce qui m'amène à la question principale : que veux-tu vraiment ? Oublie ces manifestations d'argent car il s'agit juste d'un outil. Cet outil n'est définitivement pas ce que tu souhaites au plus profond de ton cœur.

Ton but en tant qu'entrepreneure est le même que celui de ta vie en général : exprimer ta divinité sur Terre et retrouver le chemin de retour à la maison. Il n'y a pas de distinction entre ton travail, ta vie sociale ou ta vie de famille. Tout est une occasion pour t'élever et révéler l'être incroyable que tu es.

Les échanges d'argent

J'aimerais faire une dernière note ici concernant l'argent. Plus précisément, les échanges d'argent entre entrepreneures et clients. Voici deux points qu'il me semble important de mentionner :

1/ Ce n'est pas parce que ton activité est spirituelle que tu dois travailler gratuitement. Il est important de garder un certain équilibre dans le donner-recevoir. Accepte de travailler gratuitement si tu dois te faire la main, par exemple. L'idée est que tu en profites pleinement toi aussi. Autrement, donner sans recevoir, c'est créer du karma. Si tu fais quelque chose sans obtenir rétribution, tu rends la personne redevable envers toi. Si ça tombe, sans le savoir, tu viens de t'ajouter une vie, et à l'autre aussi, dans le grand jeu karmique. Alors qu'on veut plutôt que ça cesse et en sortir.

2/ Même si tu penses que ton travail n'est pas au top, qu'il ne vaut pas grand-chose, syndrome de l'imposteur oblige... n'oublie pas ceci : ton temps est extrêmement précieux. Rien que pour cela, tu devrais être payée. Quand tu travailles avec un client, tu lui accordes ton temps. Comme tu le sais, celui-ci est limité sur Terre. Ne le prends pas à la légère. Chaque moment passé avec lui est un moment que tu ne passes pas à être et à faire autre chose.

3/ Quand un client paie, il s'investit beaucoup plus. D'ailleurs, as-tu déjà remarqué la différence d'impact entre tes conseils gratuits et ceux payants ? Ton client, donc, s'est engagé. Tu n'es pas, et tu ne seras jamais, responsable de sa transformation. Ça se passe entre lui et lui. Toi, tu lui offres tes outils mais c'est à lui, ensuite, à faire le vrai travail. D'ailleurs, quand un client te paie, ce n'est pas pour le plaisir de te donner de l'argent ou pour gonfler ton compte en banque. Quand il te paie, il déclare qu'il le vaut bien. Et puis, il pose une intention très forte envers lui-même. Il paie sa propre transformation, que ce soit via toi ou pas. Ne lui enlève pas cette opportunité précieuse.

***

Maintenant que nous avons retiré cette épine du pied nommée argent, je vais aborder un sujet qu'on n'aime généralement pas quand on est une entrepreneure spirituelle : le marketing.

Le marketing, c'est de la vente. Et, comme vu plus haut, tu vas vendre. Donc inutile de dire que tu ne mangeras pas de ce pain-là, c'est déjà fait. Nous sommes des êtres spirituels, mais tu auras des échanges matériels. Par chance, en tant qu'ancienne marketeuse, je peux te donner les principes de base qui te feront gagner en efficacité et en temps. Si tu lis ce livre, c'est que tu as un message au fond de toi à porter au monde et, j'aimerais t'y aider.

Nous allons donc voir ensemble, dans le prochain chapitre, comment t'organiser, comment fonctionner, à qui t'adresser, ce que les gens qui réussissent mettent au minimum en place, ce qui marche, et comment vendre en douceur. Le tout en restant, évidemment, alignée avec ce que tu es.

CHAPITRE SEPT

LE MARKETING

Côté business, on peut dire que j'ai essayé pas mal de voies : j'ai eu un commerce en dur à la fin des années 90, j'ai toujours travaillé de près ou de loin dans la vente, et je suis à mon compte sur le web depuis 2014. Vendre est la chose la plus naturelle de l'existence en communauté, il s'agit tout simplement d'échange de biens ou de services. Il n'y a donc nullement lieu d'en faire toute une histoire. Au contraire, c'est ce qui nous permet, aussi, d'évoluer et de prospérer en tant que peuple.

On peut dire que j'ai aussi commis toutes les erreurs. Je te rassure tout de suite : on n'en meurt pas. D'ailleurs, les erreurs existent-elles vraiment ? Au final, ce sont juste des événements que je juge comme négatifs car, dans mon programme, j'ai tout étiqueté et mis dans des cases bon / pas bon.

Lorsqu'on est une entrepreneure, à un moment ou à un autre, on s'intéresse au marketing. On réalise qu'il existe des techniques afin de nous faciliter la vie et la vente. Malheureusement, surtout en spiritualité, nombreuses sont les femmes qui freinent des deux pieds. Elles font l'amalgame entre les vendeurs douteux (les personnages qui ont utilisé ces techniques avec un niveau de conscience plutôt bas) et les techniques elles-mêmes. Une fourchette peut tuer un homme, si elle est mise entre les mauvaises mains. Ça n'en est pas moins un merveilleux outil, pratique, qui devient vite indispensable. Le marketing, c'est pareil.

Une fois qu'elles s'y intéressent, elles réalisent qu'il existe beaucoup de techniques. Certaines ont même l'air de se contredire. Un expert va déclarer que c'est comme ça que ça marche, puis un autre va dire le contraire. Qui a raison ? À qui faire confiance ? La réponse est simple : tout fonctionne. C'est à toi de sélectionner *la* technique qui t'attire le plus. Si tu as déjà opté pour une technique et que ça ne fonctionne pas, la réponse ne va pas te plaire : tu es le frein.

D'ailleurs, quand une activité ne tourne pas, on

cherche - comme d'habitude - des réponses à l'extérieur. On prend un coach business ou on s'inscrit à une énième formation afin d'améliorer la situation (les ventes). On apprend une nouvelle technique mais, bien souvent, on se retrouve à la case départ ou on évolue à peine. C'est parce que l'esprit n'a pas changé. Rappelle-toi, encore et toujours : Être avant de Faire. Il ne s'agit pas de collectionner et de développer les outils marketing, mais bien de développer ton abondance et ta connexion à Dieu.

Toutes les décisions qui sont prises sur la base du manque et de la peur te feront perdre un temps précieux. Donc je dis un grand oui au marketing, à ses diverses techniques, ainsi qu'aux coachs business, mais pour les bonnes raisons. Au moment où j'écris ces lignes, je me suis moi-même engagée avec une coach pour développer mon activité. Pas dans le but d'augmenter mon chiffre d'affaires, mais bien d'augmenter l'impact de mon message. Comme tu peux le constater, aussi, ce n'est pas parce que j'en connais un bout côté marketing que je ne me fais plus conseiller. Il y a toujours plus dans deux têtes que dans une.

L'organisation

Avant d'entrer dans le vif du sujet côté marketing, j'aimerais partager avec toi la base d'une activité qui fonctionne : l'organisation. Organisation et discipline sont les deux maîtres mots dans la vie d'entrepreneure. Mes clientes, des femmes très connectées et bien souvent créatives, font parfois la moue en entendant cela. Bizarrement, lorsqu'elles résistent, elles pensent que cette organisation va tuer leur créativité. C'est, en réalité, tout le contraire.

S'organiser, c'est s'assurer avoir du temps pour soi. Donc, s'assurer d'avoir du temps pour créer. Certaines pensent que leur créativité s'allume de manière incontrôlée, par hasard, et qu'il n'y a pas moyen de commander cette partie d'elle. C'est faux. Par exemple, ma créativité s'exprime en ce moment à travers l'écriture de ce livre. Si je devais écrire « quand ça m'prend », ça prendrait probablement dix fois plus de temps.

Il faut comprendre que la créativité vient tout droit de notre dimension supérieure. L'ego ne crée pas, il relaie juste de l'information. Tu es, de manière ininterrompue, cette dimension supérieure. Il te suffit de faire le vide dans ta tête et d'appeler les énergies prêtes à te soutenir dans la tâche. Tu es constamment entourée, il n'y a qu'à demander et tout l'Univers se met à ton service. Ça prendra la forme adéquate à ton mental : un ange, un guide, un défunt, Jésus, ton chat, et j'en passe. Tout est bon pour t'accompagner dans ce voyage que tu entreprends.

C'est ce que je fais systématiquement avant de me mettre au clavier : je ferme les yeux, je respire, je demande à ce qu'on m'enlève mon système de pensée pour laisser mes connexions s'exprimer et se connecter à d'autres énergies. Je ne sais pas exactement qui m'aide dans ma tâche, car ce n'est pas important pour moi. Je ne cherche pas à savoir. Je sais par contre que c'est là et je lui dis « Allez, c'est parti ». Je ne suis pas une experte de l'écriture, ni tombée dedans quand j'étais petite. Pourtant, j'écris avec facilité et rapidité. Simplement, je me suis mise à disposition et je ne suis pas la seule à travailler au moment où je tape ces mots. C'est pareil pour toi, dans ton activité : tu fais constamment équipe avec d'autres énergies, que tu en aies conscience ou pas.

> Organisation et discipline = temps libre et créativité

Pour revenir à nos moutons : organise donc tes journées idéales. Fais-toi un calendrier basé sur une routine hebdomadaire. C'est déjà un bon début si c'est ta première fois.

Il est important de garder des journées libres pendant lesquelles tu pourras t'occuper de développer ton activité et, éventuellement, profiter de ce temps pour les urgences. Par exemple, je ne suis disponible pour les échanges en direct et les séances clients que les mardis, mercredis et jeudis, à raison de 2 rdv possibles par jour. C'est très limité, car mon temps en tant qu'entrepreneure est limité. Si j'étais encore employée, je dirais que je travaille à mi-temps. La raison est simple : je suis aussi une maman homeschooler, à savoir que je suis l'institutrice à domicile de mon fils. J'aime aussi avoir du temps pour moi, je lis beaucoup et j'ai toujours une formation en cours.

J'en profite tout de suite pour casser un mythe bien connu : non, tu ne dois pas travailler dur pour réussir. D'ailleurs, réussir c'est quoi ? Dans mon cas, c'est de pouvoir faire tout ce que j'aime librement : éduquer mon fils, me nourrir intellectuellement, prendre le temps d'exister, et partager mon message au monde.

L'argent, lui, tombe toujours au bon moment et en suffisance, je n'ai pas à m'en préoccuper, les factures se paient. Oui, c'est possible, j'en suis la preuve vivante.

> Demande-toi concrètement ce que réussir veut dire pour toi ? Établis ensuite ton horaire en fonction.

L'organisation et la discipline sont donc un très grand atout. C'est ce qui te permettra de souffler, de créer, de t'amuser. D'Être, pour pouvoir Faire de manière alignée. Cela te permettra de ne pas t'éparpiller ou de courir dans tous les sens en mode poulet. En réduisant ton horaire à son minimum, tu t'obliges aussi à aller à l'essentiel, à faire le tri entre l'utile et le reste. Cela t'aidera à focaliser sur ce qui est important, plutôt que de te disperser et de perdre de l'énergie. J'ai été cette femme à la to-do liste interminable, sans compter un nombre incalculable de formations en cours. Résultat, j'étais en plus frustrée de ne jamais aller jusqu'au bout des choses. Que de pression inutile. Aujourd'hui, c'est terminé. J'ai appris à faire des choix, à ne garder que l'indispensable ou ce qui met réellement mon cœur en joie. Mes to-do listes sont devenues ultra courtes et réalisables, et je finis les quelques formations que je prends encore. Ton temps est précieux, vraiment. Prends-en bien soin, ne le gaspille pas.

> *« Dans le Deuxième Soleil, les faiblesses qui ont anéanti l'humanité étaient la peur du changement, la fainéantise et le manque de discipline. »* - Les vraies prophéties toltèques - Sergio Magana

LES BASES DU MARKETING

Quoi que tu aies envie de faire, fais-le ! Communication animale, coaching, astrologie, soins énergétiques, écriture, peu importe : écoute ta voix intérieure. Ces métiers sont des outils. Derrière l'outil, il y a toujours un message. Nous sommes des êtres de lumière qui avons constamment envie de créer. À travers nos créations, nous partageons ce que nous sommes : Amour, Présence, Joie, Paix… Là est le message. Comme vu précédemment, dans Être avant de Faire, Sois ton message.

Voici maintenant les 6 bases incontournables du marketing. Je t'invite à t'en imprégner.

1/ L'étape suivante est de choisir avec qui tu veux travailler. Détermine ton client idéal en répondant aux questions suivantes :

- Qu'a-t-il déjà compris ? Fait ?
- Dans quelle situation se trouve-t-il ?
- De quoi a-t-il besoin ?
- Quelles sont ses valeurs et aspirations ?
- Quels sont ses problèmes ? Qu'est-ce qui l'empêche de dormir la nuit ?
- Quelle tranche d'âge a-t-il ? Situation familiale ? Homme, femme, les deux ? Situation professionnelle ?

Crée-toi une image mentale de ce client parfait duquel tu vas changer la vie. Pense à lui chaque fois que tu fais une action. Adresse-toi constamment à lui dès que tu t'exprimes. Cela deviendra comme un dialogue intime d'âme à âme et cela permettra à tes futurs clients de se reconnaître. C'est beaucoup plus puissant que de s'adresser à tout le monde. Ne laisse pas la peur du manque de clients généraliser ta voix, aie confiance et reste alignée avec tes désirs les plus profonds.

2/ Choisis dans quel format tu souhaites travailler :

- Des séances individuelles ou de groupe ou les deux ?
- Des conférences ?
- Des ateliers ?
- Des formations ?
- En présentiel ou en ligne ? Ou les deux ?
- En direct ou en préenregistré ?
- En association avec d'autres entrepreneurs ?
- Etc.

Tout fonctionne. Si je peux te donner un conseil précieux : n'écoute pas l'avis des autres, même pas ceux de tes clients si tu en as déjà. Ils te mettront plus de confusion qu'autre chose dans la tête. Choisis réellement le format qui *te* convient le mieux en fonction de tes propres attentes personnelles. Crée-toi le job de rêve, tu y as droit. Je me répète mais ne prends jamais tes décisions sur la peur de manquer de clients. Le manque de clients n'a jamais rien à voir avec ce que tu proposes, ni sous quelle forme. Toutes les décisions basées sur le manque ou la peur te ralentissent.

3/ Crée maintenant ton offre. Là encore, fais simple, ne complique pas les choses. Voici les éléments essentiels d'une offre efficace :

- Utilise un langage simple et pas d'expert. Un enfant de 12 ans doit comprendre ce que tu vends.
- La transformation de ton client est bien plus importante que le format de ton offre. Ne vends pas « une séance de » mais plutôt « un avant-après ». Par exemple, si je souhaite perdre du poids, je me fous bien de savoir combien de gélules la boîte contient ou la taille de celle-ci. Moi je veux savoir combien de kilos je vais perdre et en combien de temps.
- Anticipe les objections éventuelles, c'est à ça que servent les fameuses « FAQ ». Quelqu'un pourrait trouver ça trop cher ? Propose un plan de paiement. Ils se demandent si ça ne va prendre trop de temps ? Explique en quoi ça leur en fera gagner ? Ou propose un module en bonus sur la gestion du temps s'il s'agit d'une formation par exemple.
- Explique-leur qu'ils ont tout pour réussir. Parfois, nos clients ont peur de s'engager car ils se pensent incapables d'y arriver. Tu es là pour leur

donner confiance en eux et leur confirmer qu'ils peuvent réussir.

- Partage pourquoi tu fais ce que tu fais et pourquoi tu es la bonne personne pour proposer ce que tu leur proposes. Tes motivations et ta trajectoire de vie résonneront avec nombreux de tes clients potentiels.

- Démontre par l'exemple en partageant les témoignages d'autres clients, si tu en as déjà. Si c'est une nouvelle offre, tu peux te servir de l'histoire de personnes connues en lien avec ce que tu proposes, ou de statistiques. Voici un exemple qui colle bien avec le thème de ce chapitre : « D'après un sondage de USA Today, 63% des sondés ont déclaré avoir du succès parce qu'ils étaient heureux, et 37% ont dit être heureux parce qu'ils avaient du succès ».

N'hésite pas à pratiquer le *storytelling*. Les gens adorent les histoires, ça leur permet de s'identifier au héros et de réaliser qu'ils peuvent eux aussi surmonter l'obstacle actuellement dans leur vie. La technique du storytelling est simple : le héros (ton client) est devant un obstacle (sa problématique), il ne sait d'abord pas comment y arriver, puis vient l'élément qui va le sauver (un outil, une personne), il va alors commencer une phase d'apprentissage avec cet élément, puis il surmonte l'obstacle et c'est le retour à la maison en vainqueur. Cette technique est vieille comme le monde, elle est utilisée dans les publicités, dans les contes, dans les films, partout. Nous sommes littéralement programmés pour trouver des solutions à nos problèmes. C'est un langage qui nous impacte fortement. Le message est alors clair ; au client de décider ensuite s'il veut se lancer dans cette aventure avec toi.

4/ À ce stade, tu sais ce que tu veux faire, avec qui, sous quel format et tu as une offre. C'est le moment de communiquer et de la vendre.

Communiquer est un dialogue. Engage-toi vraiment. Ouvre-toi au monde. Lève le voile sur qui tu es. Partage ta vision, ton grand pourquoi, ce message qui te tient à cœur. Aime ouvertement tes futurs clients et l'humain en général. Oublie ton ego et ses peurs, reste dans ta lumière. Lorsque tu te partages avec le monde le cœur grand ouvert, des miracles se produisent. Tu es la bonne personne pour tellement de gens, ce serait dommage de te cacher et de les priver de toi. C'est comme cela que l'on construit une vie de regrets.

Reste fidèle avec toi-même. Expose-toi, offre-toi. Tu as décidé de te mettre au service de plus grand que toi, ton ego est prié de s'effacer gentiment. N'aie pas peur des critiques, ce sont juste des modes de pensée, des programmes qui appartiennent à d'autres egos. Les critiques n'ont absolument aucune valeur dans ce monde, n'y accorde jamais d'importance. Personnellement, je valide toutes les critiques à mon égard. Chacun a le droit de penser ce qu'il veut et il est évident que mon poulet est loin d'être parfait. Par contre, je suis tellement plus que ça. Ainsi que la personne qui me critique et que toi en train de lire ces lignes.

Dans toute communication, utilise ce qui te rend unique. C'est le moment où tu peux jouer avec ton ego afin que les autres te remarquent. Sois personnelle, échange avec le public, et ils te reconnaîtront. Ils *se* reconnaîtront. Parle de ce qui te fait réagir, peu importe si c'est « négatif ou positif ». Les gens n'en peuvent plus des discours lisses qui conviennent à tout le monde. Ils recherchent l'authenticité, le vrai, la vie. Plus tu vas t'affirmer, plus ta tribu d'âmes répondra à l'appel.

Montre ton visage. Plus que jamais, dans cette ère numérique aux faux semblants, nous avons besoin de nous connecter entre humains. Ne te cache pas. Personne n'achète à un nom ou à un logo. Crée un rapport direct et visuel avec les autres car ils sont dotés d'une intuition du premier regard. Ne les prive pas de toutes ces informations te concernant, car elles leur permettent de juger si tu corresponds ou pas pour leur propre quête. Plus ils te connaîtront et connaîtront ce que tu fais, plus la vente ne sera qu'une formalité.

5/ Quand tu vends, vends en douceur. Garde en tête que tu proposes et ils disposent.

Une intelligence supérieure les a mis sur ta route, tu t'es rendue disponible, c'est à eux maintenant de saisir leur chance. Chacun a sa part de responsabilités. S'ils passent leur tour, c'est qu'ils ne sont pas encore prêts en cet instant. Sois certaine cependant que la graine a été plantée. Certains de mes clients prennent mon accompagnement après m'avoir suivie pendant des années. D'autres après avoir visionné un short d'1 minute sur Youtube ! Chacun a son rythme et il n'y a pas lieu de se préoccuper de cela. Aie confiance, reste focalisée sur ta mission.

Rappelle régulièrement ce que tu fais et tes offres. N'aie pas honte de cela, c'est un merveilleux cadeau que tu mets à leur disposition. Tu es un cadeau.

Dédramatise, la vie est un grand jeu et tu ne peux pas te tromper de toute façon.

6/ Fais-toi accompagner par un professionnel.

Si tu réponds à l'appel de ta dimension supérieure, si tu mets tes peurs de côté et si tu t'offres au monde, tu seras comblée. Une fois que ton agenda se remplit, que tu maîtrises bien ton outil grâce à la pratique, c'est le bon moment pour te faire accompagner. Le coach business aura un regard extérieur qui t'aidera à bien des égards. Suis ton intuition, tu sauras. Retiens juste qu'il y a plus dans deux têtes que dans une et que nous sommes là pour délivrer un message. Tout ce que tu fais a une dimension collective, alors autant collaborer directement avec d'autres êtres humains.

> *« Chacun a son ego. Chacun a sa contribution.*
> *Sur lequel décides-tu de te concentrer ? »* - Alan Cohen

Au cas où ça arrive : n'aie pas peur de changer d'avis et de faire parfois des virages à 180 degrés. La vie est mouvement, nous évoluons, nous changeons, nos goûts et nos idées aussi. Je suis entrepreneure sur le web depuis 2014 et mon parcours est loin d'être le long fleuve tranquille. J'ai commencé par proposer des services d'assistante virtuelle, puis de la création de sites web, de la création de newsletters, des services d'email marketing, des soins énergétiques, des retraites spirituelles, du coaching business, et j'en passe. Pour finir avec la casquette actuelle d'enseignante spirituelle. En fait, tout cela correspond à ma propre évolution. C'était mon parcours personnel que je transmettais, jusqu'à ce que je comprenne l'essence même de qui je suis et que je réponde un grand OUI à l'appel. Toutes ces étapes m'ont amenée où je devais être, et c'est parfait comme ça.

Le chemin semble parfois chaotique ou ne fait pas de sens pour les autres, peu importe : suis ta voie, suis ton intuition. Toi seule sais. Tu es absolument unique sur cette planète, ton parcours l'est tout autant. Les doutes à l'extérieur (ceux de tes clients) ne font que refléter tes propres doutes. C'est le signal pour reprendre tes esprits et renoncer à la peur. Engage-toi vis à vis de toi-même et refuse d'être ton propre obstacle.

***

Nous sommes arrivées à la fin de cette aventure ensemble. Dans la conclusion qui suit, repassons une dernière fois sur les éléments importants de ce parcours afin de les intégrer complètement.

CONCLUSION

Tout d'abord, félicitations ! Tu es arrivée à la conclusion, et ce n'est pas rien. Pour avoir été comme ça, je sais que ce n'est pas tout le monde qui va jusqu'au bout un livre ou d'une formation. Avant, mon esprit était très chaotique, il partait dans tous les sens. Je m'accrochais à toutes les idées qui me traversaient l'esprit, j'accumulais les intérêts et les tâches. Je me retrouvais alors systématiquement dans un trop-plein de choses à faire. Résultat : je ne finissais rien et je culpabilisais. Comme si j'étais moi-même une bonne à rien. Avec le recul, je réalise à quel point l'ego nous maintient dans une voie de garage. Il nous enferme dans une boucle sans fin de satisfaction-frustration. Nous créons notre propre enfer.

Reste focalisée sur ton grand pourquoi, sur ton message, sur ce que tu aimerais voir sur cette planète. Le reste peut attendre, indéfiniment.

Au début de ce livre, je t'invitais à être un héros à idées. Penser différemment est LA clé de tous les mystères. Tout ce qu'on nous apprend dans ce monde est faux. Quant à ton existence, elle ne changera pas radicalement tant que ton esprit sera fermé et continuera de fonctionner comme il l'a toujours fait.

✓ Nous sommes dans un monde de tous les possibles, car rien n'est vrai ici-bas. Tu te trouves dans un grand jeu virtuel, comme un jeu vidéo. Tu as choisi ton personnage à l'entrée, avec ses propres spécificités, accessoires et capacités. Tu as choisi le décor : famille, pays, époque. Ce personnage est géré par un système appelé ego. Ce système n'est ni divin, ni mystérieux, ni ultra puissant. L'ego n'est rien d'autre qu'un immense champ d'informations. Il contient tout : toi, toutes tes vies, toutes tes possibilités de vie, le monde, tous les mondes, tous les univers. C'est un flux continu de données, de pensées. Tu en as pioché un grand nombre et c'est maintenant ce que tu crois être. C'est tout, et c'est pourquoi, au final, il est assez facile de s'en détacher. Accepte que ces idées, ces informations, ne t'identifient pas et ne t'ont jamais appartenu. C'est comme ça que tu te libèreras de manière miraculeuse et permanente.

✓ Une fois que tu observes tes pensées, tu es dans ta dimension supérieure en train d'observer l'ego et les formes pour lesquelles tu as opté. Mes clients ont souvent du mal à y croire, que c'est aussi simple que ça. Je leur rappelle alors que l'observateur ne peut pas être l'observé en même temps, c'est impossible. Remonter dans tes poupées n'est qu'une gymnastique de l'esprit. Prends cet entraînement au sérieux et tu seras largement récompensée. Plus tu t'exerces à observer tes pensées, plus tu augmentes tes fréquences, plus tu quittes ce monde chaotique. La Paix et la Joie se dévoilent alors à nouveau en toi et à toi. Enfin, tu Es ! Et à partir de là, tu peux avancer sereinement.

✓ Être avant de Faire, ça devrait être obligatoire.

Quand tu Es dans ta dimension supérieure, même si c'est un court instant, c'est une belle victoire. Tu viens de quitter les peurs, le manque, la tristesse, les problèmes et les maladies. Trace toujours ta voie en dehors de cette zone d'ombre qu'est l'ego. Ne prends aucune décision sans Être dans ta lumière. Tout peut attendre. Sois avant de Faire, et tu auras. Le monde appartient à ceux qui sont alignés avec leur essence.

✓ Dans ta zone lumineuse, il te sera de plus en plus facile de lâcher. Lâcher prise n'est rien d'autre que de lâcher les informations du système. Arrêter d'y croire, de s'y accrocher comme si notre vie en dépendait. Je te le répète : tu n'es pas tes pensées, tu n'es pas ce personnage. Lâche prise sur tout, lentement mais sûrement. Rome ne s'est pas faite en un jour, rien ne sert de se presser. Une fois ton intention posée fermement, sois certaine que tu seras aidée dans cette quête du Soi. De manière souvent incroyable et inattendue d'ailleurs. Aie confiance, une confiance absolue. Tu entreras très vite dans un cercle vertueux qui te permettra d'abandonner tout ce que tu penses être en douceur. Si tu expérimentes autre chose que de la douceur, c'est que tu résistes. Ton Créateur n'a que de l'Amour pour toi. Il n'a rien d'autre à te donner que Sa Lumière, Sa Paix et Sa Joie. Tu le découvriras plus vite que tu ne le penses alors, n'attends pas, commence à lâcher prise sur ta vie, tes pensées, tes croyances et tes perceptions, dès maintenant.

✓ Abandonne aussi l'idée du développement personnel. Veux-tu vraiment développer ta petite personne ? Ce poulet qui ne sait absolument pas ce qu'il fait (et ne le saura jamais) ? La réponse est facile lorsque l'on comprend ce que nous sommes réellement. Aucune guérison n'est plus puissante et permanente que celle qui se produit au niveau supérieur de ton être. Le poulet, lui, se reprend très vite les pieds dans le tapis. Alors laisse-le jouer, laisse-le expérimenter et faire n'importe quoi. En vérité, sur le plan spirituel, ton poulet est encore un bébé. Il n'est pas du tout évolué, il est au tout début seulement de son apprentissage. Raison pour laquelle il n'y a pas lieu de le juger, de la même manière que tu ne jugerais pas un bébé qui ne sait pas encore

manger proprement ou marcher avec assurance.
Ton poulet fait une tonne « d'erreurs » mais
c'est tout à fait normal pour son niveau de
conscience. Sois indulgente et patiente avec lui.
N'essaie pas de le corriger, de le transformer ou
de l'améliorer, via le développement personnel.
C'est une perte de temps et d'énergie. Si tu veux
vraiment aider ton petit personnage, AIME-LE.
Observe-le avec compassion et bienveillance.
Pose ce regard attendrissant, comme un parent
qui regarde son bébé sachant qu'il a encore tout
à découvrir.

✓ Tu as donc décidé de jouer une entrepreneure
dans cette vie-ci. Quelle belle idée ! J'aime les
entrepreneurs, parce que ça sous-entend qu'ils
ont soif de liberté et qu'ils ont quelque chose à
partager avec leur prochain. Quoi de plus
beau ? Quel cadeau pour l'humanité ! Alors vas-
y, offre-toi au monde. Sors de l'ego, détache-toi
du poulet, et vois là où les désirs émergent. Que
pourrais-tu faire toute la journée sans te lasser ?
Même gratuitement ? Là se trouvent les
réponses à tes questions. Tu sais déjà qui tu es,
de toute façon. Tes peurs, tes problèmes de
légitimité ou de manque d'expérience ne sont

que du vent. Des idées auxquelles tu t'accroches, parce que ton poulet aime ça. Sors de ta tête et mets-toi au service de plus grand que toi. Cette intelligence supérieure qui t'accompagne sait exactement comment utiliser tes capacités et tes connaissances pour élever l'humanité. Laisse-la faire, ne te préoccupe pas de tout ça. Tu es prise en charge, à chaque instant, à chaque souffle de ton existence. Il te suffit de répondre à l'appel en toi, à dire un grand OUI à la vie.

✓ L'argent sera au rendez-vous quand tu en auras besoin. Attention, je n'ai pas dit « *Quand tu jugeras en avoir besoin* », ce qui est très différent. Il y a mille et une façon de recevoir de l'argent mais, aussi, de payer ou d'obtenir ce qui t'est nécessaire. Tu as bien trop peu d'imagination pour croire manquer de quoi que ce soit. Quand j'étais au fond du trou financièrement, j'ai demandé de l'aide à ma famille. Parfois, elle se portait même volontaire, sans que j'aie à demander quoi que ce soit. J'avais beaucoup culpabilisé à l'époque. Jusqu'au moment où j'ai compris que toutes les aides étaient des aides divines, peu importe la forme ou la provenance.

Accepte tous les dons qui viennent à toi, sans exception, et libère ta peur du manque. Libère-toi aussi de toutes tes croyances et de tes préjugés, ce ne sont que des illusions dans un monde malléable à souhait. Reviens toujours à l'essentiel, parce que l'argent n'a jamais été ce que tu voulais.

✓ Reste alignée et sincère envers toi-même dans tes démarches d'entrepreneure, et tout se passera bien. Dédramatise, ne te prends pas au sérieux. Ouvre-toi au monde, partage-toi. Crée une vraie relation avec ton public. Sors de l'ombre et communique ta joie d'exister à travers ton activité. Vis tes passions dans le moindre de tes mots. Aime tout ce que tu fais, penses et dis. Aime les clients comme tes frères, parce que c'est ce qu'ils sont. Tu as tellement à partager, ne prive personne de toi.

> *« Le vrai but de ta vie est de découvrir ce qui fait de toi toi, et de l'exprimer ! Dès que nous nous mettons à exploiter nos capacités, la vie devient facile. »*
> - 9 Jours d'éternité, Anke Evertz

Dans les moments de doutes, sois patiente. Tout vient à point à qui sait attendre. Fais confiance en la vie, aie une foi inébranlable que tout est parfait : les gens, les situations, le timing, etc. Laisse-toi guider complètement et ce que tu recevras en retour dépassera toutes tes attentes.

Sur ce chemin spirituel, demande toujours à ta conscience supérieure à voir, à expérimenter. Tu seras toujours exaucée. Teste les idées, les nouveaux concepts qui se proposent à toi. C'est comme ça que tu intègreras de nouveaux niveaux de conscience et que tu accélèreras ton évolution. Ta vie se transformera au fur et à mesure, sans que tu aies à faire quoi que ce soit. Et ton activité aussi, bien sûr.

Et dans les moments les plus difficiles : prie. C'est le meilleur conseil que je puisse te donner. La prière est le plus puissant des soins de guérison. Car, comme tu l'auras compris, il ne s'agit pas d'essayer de modifier la situation, mais bien de corriger ce que ton esprit perçoit.

Voici la façon la plus efficace et directe de prier :

Ne demande pas à ce qu'une situation ou une personne soit changée. Ne demande pas non plus à obtenir quelque chose. Quoi qu'il se passe, un problème est toujours une pensée dans ton système. Quand une pensée négative, une peur ou autre, surgit, demande là-haut à ce qu'on te la retire. Comprends qu'il s'agit juste d'idées. Lorsque ces idées te prennent d'assaut, tu es en mode poulet. À ce niveau de conscience, tu ne peux pas résoudre le problème. Cependant, tu sais que ce n'est pas toi et que ça ne t'appartient pas non plus. Alors, demande au niveau de conscience supérieur de t'en débarrasser. Ne te laisse pas duper par la simplicité de cette action : toute demande en ce sens (à ce niveau élevé de compréhension de ce que tu es) est exécutée. Ta dimension divine n'attend que ça, sois-en certaine ! Ne te laisse pas non plus tromper par l'absence de résultat immédiat ou par un faux semblant d'échec. La façon dont l'Esprit supérieur opère nous est inconnue, voilà tout. Aie la foi, c'est déjà fait.

Je suis arrivée à la fin de ce que j'avais à t'offrir dans ce livre. J'ai rempli ma mission. Maintenant, c'est à ton tour. Lâche tout et envole-toi !

J'AI ENTIÈREMENT CONFIANCE EN TOI.

NOTES

Si tu as apprécié la lecture de ce livre et si tu penses qu'il a eu un impact positif dans ton existence, n'hésite pas à en témoigner en laissant une évaluation sur Amazon. Cela fait vraiment une différence. Cela contribue à diffuser de véritables enseignements spirituels à ceux qui les recherchent.

Si tu souhaites rester en contact, inscris-toi à ma newsletter via mon site entrepreneures-spirituelles.com et rejoins-moi sur Instagram @delphine.debauve.

Si tu recherches une guidance ou un accompagnement privé, contacte-moi directement à delphine@entrepreneures-spirituelles.com.

ENSEIGNEMENTS GRATUITS :

Toutes mes ressources gratuites sont réunies ici
https://entrepreneures-spirituelles.com/gratuits/

★ Contenu exclusif pour les chercheurs spirituels non débutants en quête de toujours plus d'éveil, d'ouverture de conscience, et de hautes fréquences. Cours de 12 jours (12 vidéos) offert : « Enseignements Spirituels »

★ Coaching exclusif : détecter les pièges de l'ego et transcender ses attaques via « Les attaques de l'ego ».

★ Coaching « Comment ne pas tuer ton mari ! », accès immédiat aux 3 questions qui lui sauveront la vie !

MON AUTRE LIVRE :

« Éveil de Kundalini : Le chemin d'une athée cartésienne vers l'illumination »
https://entrepreneures-spirituelles.com/livres/

REMERCIEMENTS :

Je tiens à remercier Fabienne Bizet pour nos nombreux échanges, sa gentillesse, sa patience et sa disponibilité. Fabienne et moi sommes amies depuis quelques années et, *par chance*, c'est un écrivain médium. J'avais eu un véritable coup de foudre pour sa plume, c'était en 2015. C'est grâce à elle que j'ai pris plaisir à écrire mes livres et que celui-ci ressemble à quelque chose de professionnel. Je suis très honorée qu'elle ait accepté d'écrire la préface et lui en suis reconnaissante.

Un immense merci à ma famille. À ma maman et mes deux soeurs : elles ont forcément connu toutes mes aventures et, malgré nos divergences, elles n'ont jamais cessé de me soutenir. Moralement comme financièrement. Ce sont des sacrées nanas que j'aime à la folie. À mon oncle aussi qui, malgré ses propres déboires, a toujours répondu présent. Je t'aime mon Poton. À mon mari, qui s'est littéralement incarné pour me donner du fil à retordre (rires) et qui a toujours cru en moi, même dans mes pires moments. Il est certain que je suis ce que je suis aujourd'hui grâce à lui aussi.

Merci à mes clients pour leur confiance. Au fil des séances, ils m'ouvrent leur cœur et leur vie en toute confiance et j'en suis très honorée. Ils me rappellent chaque jour à quel point nous sommes des êtres exceptionnels. Ils m'offrent de réels moments de grâce. Ils sont des acteurs directs de ma propre évolution spirituelle, car c'est bien en forgeant qu'on devient forgeron.

Gratitude à cette énergie qui m'a accompagnée tout du long. Je t'ai sentie à chaque fois que je me suis mise au clavier. Tu as rendu la tâche aisée, souple et fluide. Je n'y croyais pas, j'ai bien fait de t'écouter. Tu t'es mise à mon service et j'ai fait pareil pour toi. Je trouve que c'est une collaboration réussie, et j'ai bien envie de recommencer. Oui, j'entends bien, tu le savais déjà.

<u>RECOMMANDATIONS :</u>

Je terminerai par ces quelques recommandations, testées et approuvées.

- Sri Ramana Maharshi, maître spirituel. Son enveloppe humaine n'est plus mais il est encore bien présent. Sa sagesse et son énergie sont assez extraordinaires, il s'agit d'une conscience très élevée. Je ne peux que conseiller son approche non dualiste, l'Advaïta Vedanta.

- Un Cours En Miracles, le livre. Il n'est définitivement pas pour tout le monde mais, si tu t'accroches, il changera ta vie. Je te recommande de lire « Et l'Univers Disparaîtra » avant, c'est une entrée en matière qui te permettra de comprendre plus rapidement le Cours.

- Fabienne Bizet, l'écrivain. S'il te vient l'envie d'écrire un livre spirituel, frappe à sa porte. J'ai suivi sa formation dans ce but, j'ai adoré, elle est diablement efficace. Les conseils contenus dans celle-ci ont complètement changé la donne (j'avais déjà écrit un livre avant sa formation, rien à voir...).

- Stéphanie Hétu, business coach. Stéphanie est assez incroyable, une pionnière du web. Elle a déjà tout testé et continue d'apprendre. J'adore sa simplicité, aussi bien dans son personnage que dans sa façon de voir le business et le marketing. Elle est hyper efficace, ultra connectée (évidemment), et définitivement avant-gardiste.

Suis. Ton. Intuition.

Merci de m'avoir lue.

www.ingramcontent.com/pod-product-compliance
Lightning Source LLC
Chambersburg PA
CBHW070926290526
45795CB00001B/439